STEAM

과학 미션 스쿨

창의적인 생각으로 문제를 해결하라!

STEAM

과학 미션 스쿨

김운화 지음

학지사

추천사

미래사회는 국가 간 교류가 급속히 확산되고, 지식의 생성 · 소멸 속도가 가속화되는 글로벌 지식기반사회입니다. 글로벌 지식기반사회에서는 다양한 문화에 대한 소통과 이해, 그리고 지식을 창출하고 활용할 줄 아는 창의적 능력이 요구됩니다. 이에 교육과학기술부는 미래의 주역인 우리 학생들의 소질과 특성, 잠재력을 키울 수 있는 창의 · 인성교육 확산에 힘을 쏟고 있습니다.

창의 · 인성교육에 있어서 누구보다 전문성을 가지고 계신 분들은 바로 교육현장에서 직접 아이들을 지도하시는 선생님들이 아닐까 합니다. '선생님 저자되기 프로젝트'는 선생님들이 교육현장에서 체득한 창의적 교수법과 생생한 노하우를 동료 교사들과 함께 나누고, 철학 · 역사 · 과학 · 녹색성장 · 시민교육 등 다양한 분야의 재미있는 학습 길잡이가 되고자 진행된 사업입니다.

프로젝트의 결실로서 열여섯 권의 책이 발간되었습니다. 저자가 되신 열다섯 팀의 선생님들께 진심으로 축하의 말씀을 드립니다. 바쁜 학교생활 속에서도 시간을 쪼개 좋은 책을 써 주신 선생님들과 책을 출간해 주신 출판사, 한국과학창의재단 관계자께도 심심한 감사의 말씀을 드립니다.

이번에 출간된 책들이 창의 · 인성교육을 실천하고자 하는 전국의 모든 선생님, 교과서를 벗어나 새로운 지식 탐구를 하고자 하는 학생, 그리고 자녀교육에 관심이 많은 대한민국 학부모님에게 많은 도움이 되리라 믿습니다.

앞으로도 '선생님 저자 되기 프로젝트'를 계속적으로 진행하여 창의·인성교육을 활성화하고, 대한민국의 미래인 우리 아이들이 각자의 꿈을 키워 갈 수 있도록 지원하겠습니다. 감사합니다.

교육과학기술부 장관
이주호

내 친구, 과학을 소개합니다

초등학교 시절의 저는 과학이란 외울 것이 많고, 복잡한 과목이라고만 여겼습니다. 그러다가 중학교에 올라오니 초등학교에는 없던 '영재학급'이라는 것이 있었습니다. 영재학급에 들어가게 되었고, 거기서 김운화 선생님을 만났습니다. 선생님과 함께 영재학급에서 과학의 원리를 배우고 재미있는 실험과 야외 활동도 했습니다.

선생님께서는 '생물 시 쓰기' '공룡 애니메이션 만들기'와 같은 새로운 활동을 찾아 늘 우리에게 경험하게 해 주셨습니다. '어깨에 무리를 주지 않는 가방 만들기' 활동을 하면서는 제게 창의적인 끼가 있음을 발견하게 되었고, 실험과 다양한 발표를 준비하며 저는 한층 더 성장했습니다. 다른 사람들 앞에서 발표를 할 때 침착하게 상황에 대처하는 능력도 길러졌습니다.

과학 노래 UCC를 만들 때는 컴퓨터 기술을 익히고, 재미있게 공부하는 방법도 찾을 수 있었습니다. UCC를 완성했을 때 그 말로 다 못할 뿌듯함이란……. 선생님이 칭찬을 정말 많이 해 주셔서 더 기분이 좋았습니다. 과학 노래 UCC와 수예 작품을 제작하는 것은 원리를 이해하고 재미있게 과학 공부를 하는 데 큰 도움을 주었습니다. 뿐만 아니라 전국 과학 동아리 발표 대회에서 3학년 언니와 함께 제가 발표를 하게 되었습니다. 도 단위 대회와 전국 단위 대회는 정말 차원이 달랐는데, 전국 대회에서 발표를 하고 나서

부터는 자신감이 더 충만해졌습니다. YSC 탐구대회에 참가했을 때는 '과학이 어렵지만은 않구나.' 하는 것도 느꼈답니다. 영재학급을 마치고 종업식을 할 때는 선배, 학부모, 선생님들 앞에서 가방 탐구 발표를 하여 상을 받기도 했고요. 이렇게 1학년을 마친 저는 진주교육청 영재교육원 시험에 도전해 합격했습니다.

초등학교 때는 제가 이렇게 과학 활동을 열심히 하게 될 줄은 정말 몰랐습니다. 저에게 과학적인 재능이 많은지는 아직 잘 모르겠습니다만, 과학 활동이 참 재미있다는 것은 확실히 알게 되었습니다.

저에게 과학에 대한 재미를 알게 해 주시고, 저를 아껴 주시는 김운화 선생님께 감사드립니다. 그리고 이렇게 저희들이 등장하는 책도 쓰셨으니 많은 다른 학생들과 선생님들께 적극 읽어 보시라고 권해 드리고 싶습니다. 저처럼 과학을 좋아하는 아이로 키우시려는 부모님께서도 읽어 주시면 더 좋겠지요? 과학이 언제나 우리 가까이에 있는 재미있는 친구인 것을 알려 주시기를 부탁 드립니다.

진주여자중학교
강채원

조례 시간

예쁜 마음과 냉철한 능력의 중심이 만나는 수업을 꿈꾸며

도를 1, 레를 2, 미를 3, 파를 4, 솔을 5, 라를 6, 시를 7, 높은 도를 8이라고 했을 때 〈산토끼〉 노래를 부르는 음을 모두 합한 수는 얼마인가?

수학과 음악을 융합한 이런 문제가 수학 시험 문항으로 나온다면 어떨까요? 노래를 부르면서 수학 문제를 신나게 풀고 있는 아이들의 예쁜 모습을 떠올려 봅니다.

'도레미파솔라시도' 8음계, 한 옥타브를 최초로 만든 사람은 바로 수학자 피타고라스라고 합니다. 이성적인 수학과 감성적인 음악의 절묘한 만남이지요. 과학자인 아이슈타인도 바이올린 연주회를 열 정도로 훌륭한 연주 실력을 가졌었고, 작곡가 바흐는 수학 구조와 패턴으로 작곡을 했다고 합니다.

흔히들 이성과 감성은 서로 상반되는 것이라고 생각합니다. 그래서 감성이 없으면 더 이성적인 사람이 될 것 같지요. 하지만 연구 결과에 따르면 뇌에서 이들은 서로 상보적인 관계로, 감성을 제거하면 이성적인 판단을 전혀 할 수 없다고 합니다.

미래 사회에 필요한 사람은 단지 합리적인 이성과 도구적인 이성을 통해 효율성만을 추구하는 인간이 아니라 인간의 다양한 모습을 온전하게 이해할 수 있는 감성과 이성이 조화를 이룬 사람입니다. 따라서 이제 다양한 분야에서 공통적으로 최첨단 지식의 탄생은 감성과 상상력을 기반으로 하고 있습니다. 이제는 더 이상 감성이 배제된 학문 중심의 과학 교육과 기존의 지식을 답습해 우수한 두뇌나 기능을 재현시키는 교육의 수준에 머물러서는 안 됩니다. 문화, 예술, 역사, 사회 등에서 풍부한 소재, 풍부한 감성과 상상력을 끌어와서 소위 '과학적 휴머니즘' '인간화된 과학'으로 '과학 문화'를 창조해야 할 필요성이 부각되고 있는 요즘입니다.

정부도 과학 기술에 감성적인 예술을 융합하는 이른바 STEAM(Science Technology Engineering Art Mathematics) 교육을 앞으로 초 · 중등교육과정에서 강화할 것이라고 발표하였습니다. 하지만 정부가 추진하고자 하는 과학 기술과 예술의 융합 교육이 어떤 형태로 이루어져야 하는지에 대한 현실적이고 구체적인 프로그램은 아직 제공되지 않고 있습니다. '도대체 어떻게 그런 융합 교육을 실천할 수 있을 것인가?' 하는 회의적인 반응도 많이 있는 것으로 압니다.

하지만 STEAM형 융합 교육은 제가 생각하기에 전혀 새로운 것이 아닙니다. 오래 전부터 우리 교육현장에서 이루어지고 있던 교육이라고 생각합니다. STEAM이라는 용어는 새로운 것이지만, 저는 과학 교사로서 줄곧 '창의성 융합 교육'을 꿈꾸어 왔습니다. 10년 전 과학의 날 행사 때 '과학 노래 합창 대회'를 기획했고, 생물 시간에는 학생들의 이해를 돕기 위해 '식물의 관다발 모형 김밥 만들기' '자동 세포 분열 모형 만들기' 등의 활동을 하였지요. 저뿐만 아니라 즐겁고 재미있는 과학 수업을 위해 많은 과학 교사들이 그러한 수업을 시도해 오고 있습니다. 이러한 노력들이 바로 STEAM 교육이 지향하는 바가 아닌가 합니다.

이 책에는 제가 최근 3년간 초등학교와 중학교 현장에서 방과 후 활동이나 과학 동아리 활동, 영재학급에서 지도한 다양한 사례를 실었습니다. 이 책에 실린 내용은 '시'를 쓰고 '노래'를 부르며, 공룡을 찾아가서 '애니메이션'을 만들고, 또 어깨가 아픈 친구를 위해 '예쁜 가방'을 만들고, 서로를 배려하며 함께 '연극'을 하는 등 감성을 부각시킨 과학 수업입니다.

과학 수업 미션 속에 좌뇌와 우뇌를 모두 자극하는 다양한 활동을 고르게 포함시켰습니다. 이러한 미션 활동을 통해 좌뇌형 아이와 우뇌형 아이 양쪽 다 자신에게 맞는 활동에서 능력을 발휘하여 전체적으로 창의적인 산출물이 나올 수 있는, '개인의 능력 발휘를 통한 협동 학습'을 이룰 것으로 기대합니다.

이는 어쩌면 정부에서 생각하고 있는 STEAM 교육과는 방향이 약간 다르게 보일 수도 있겠습니다. 하지만 그 전체적인 틀은 동일하다고 봅니다. 미래 사회를 대비하는 창의적 융합 인재를 기르고자 하는 교육의 큰 사각틀의 네 꼭짓점에서 각각 대각선을 그어 보면 대각선은 사각형의 중심에서 만나게 됩니다. 수업에서 과학 이론이나 실험 탐구적인 내용에 비중을 두느냐, 그 주변의 감성적인 산출 활동에 비중을 두느냐 하는 것은 큰 사각형의 중심에서 결국 만나게 되는 문제라고 생각합니다.

왜 그렇게 동동거리며 사느냐고 그동안 종종 오해를 받기도 했지만, 그래도 저를 믿고 끝까지 따라 주어 마음이 쑥쑥 자라난 학생들이 있기에 교사로서의 '동동거림'에 대해 저는 별로 힘든 줄을 몰랐습니다. 엄마와의 시간을 충분히 갖지 못해 공룡 화석 산지까지 따라왔던 저의 막내 한솔이가 바다에 빠졌던 아찔하고 아픈 경험도 이제 와 생각해 보면 아름다운 추억입니다.

책 곳곳에서 과학 미션들을 훌륭하게 수행한 '멋진 아이들'을 다시 둘러보니 정말 기특하고 자랑스럽습니다. 공부를 해야 한다는 부모님의 반대로 공룡 탐구 활동을 끝까지 함께 하지 못했던 혜승이, 중학교에 다니는 어린 학생에게 진짜 공부가 무엇인지 충분히 전하지 못해서 정말 가슴 아팠습니다. 그리고 착한 희승이, 제가 만났던 학생 중에 가장 예뻤던 과학 영재 미경이, 만나면 기분이 좋아지는 과학 소녀 채원이, 귀여운 수은이, 성실한 경진이, 영특한 경민이, 은영이, 지호. 이름을 모두 나열하고 싶은 진주여자중학교 영재학급, 과학 동아리 'Science Girl', 창의력 동아리 '102%' 'Girls Rising' 그리고 경상대학교 영재원 초등반, 진주교육청 중등과학반 학생 여러분께 이 책을 바칩니다. 활동 모습이나 학생 작품을 책에 싣는 것에 대하여 수업 도중에 전체적으로 허락을 받기는 했지만 학생 개개인에게 일일이 양해를 구하지 못한 점 이해를 바랍니다.

그리고 언제나 저의 정신적인 힘이 되어 주는 가족에게 마음 부족했던 것에 대한 용서를 구하며 사랑을 전합니다.

미숙한 저의 수업 자료들이 학생들에게 제공할 창의성 교육 프로그램이나 동아리 활동 프로그램을 찾는 동료 교사들에게, 특히 교직에 첫 발을 딛는 새내기 후배 교사들에게 그들만의 아이디어를 위한 도움이 되고, 도전에 대한 용기를 줄 수 있다면 그보다 더 큰 영광은 없겠습니다.

저자 김은화

차례

CONTENTS

1교시

생물 시간에 시를 노래하라!

그럼 시를 읽고
쓰고, 노래 부르는
생물 학습 여행을
떠나 볼까요?

아마 1992년 봄쯤이었을 거예요. 어느 날 여러분과 함께 '꿈 쓰기'를 하면서 저는 "선생님의 꿈은 시인이 되는 거야."라고 했죠. 그 후 여러분과의 약속을 생각하면서 시를 읽고, 쓰고, 발표했어요. 그러다 보니 어느새 저는 정말 시인이라고 불리는 사람이 되어 있었습니다.

과학 선생님이 시를 쓰니 이상하다고요? 저는 시를 쓰는 삶은 가진 것이 아무것도 없어도 영혼이 충만함을 느낄 수 있는 행복한 삶이라고 생각해요. 왜냐하면 세상의 모든 것에서 '삶의 비밀을 찾아내고' 노래로 승화하는 것이 그것이 바로 시를 쓰는 일이라고 생각하기 때문이죠.

선생님은 시를 쓰면서 시를 쓰는 과정이 과학에서 실험 보고서를 쓰는 과정과 매우 유사하다는 사실을 알게 되었어요. 한 편의 시를 창작하기 위해서는 삶과 우주 현상에 깊은 관심을 가져야 하고, 자세히 관찰을 해야 하며, 그 관찰 결과에서 독창적인 의미를 해석해 내어 논리적으로 글을 쓰고, 남들에게 노래로 읽히는 즐거움을 주기 위해 아름답게 배치해야 하죠. 이러한 과정이 바로 과학 탐구 보고서나 과학 논문을 쓰는 과정 아닌가요? 뉴턴, 아인슈타인의 물리 법칙이나 멘델의 유전 법칙 등도 모두 자연을 깊이 관찰하고 독창적인 의미로 해석한 것들이잖아요. 그런 의미에서 우리가 과학 시간에 쓰는 과학 탐구 보고서도 딱딱하고 무감동적인 것이 아니라 우리의 영혼이 담긴 한 편의 '시(詩)'와 같은 것이어야 한다고 저는 생각해요.

아직도 생물 공부를 학원에 가서 문제를 푸는 식으로 하고 있다고요? 생물 공부란 자연으로 나가 직접 생물들을 보면서 느끼면서 생물을 사랑하고 그 속에서 우리 삶의 지혜를 배우는 것이 되어야 하지 않을까요?

그래서 오늘은 정말 생물 시간에 시를 써 보도록 하겠어요. 짧은 글 속에 생물을 관찰한 내용을 함축하는 거예요. 그게 시의 묘미죠. 그리고 여러분이 쓴 시를 노래로 만들어서 UCC로 꾸며 볼 거예요.

우선 성호 이익 선생님의 자연 관찰이 담긴 글과 '시'를 감상해 볼까요?

사람들은 소똥구리가 땅 속에서 나오는 것만 보고 똥덩이가 변해서 벌레가 되었다고 한다. 내가 관찰해 보니 그렇지가 않다. 처음에는 여러 벌레가 함께 더러운 똥 속에 있는데 벌레는 많고 똥이 적으면 다 빨아 먹고야 만다. 그렇지 않으면 서로 나누어 가지되, 두 마리가 한 덩이씩 굴리는데 이리저리 뒤섞여 구별이 없다. 똥덩이를 흙에 묻어 둔 다음날 먹으려고 쌓아 놓는 것이다. 나는 일찍이 다음과 같은 시를 읊었다.

뜰에 똥덩이 있는 것을 용하게 알고 찾아와서
뒤에서 밀고 앞에서 당겨 애써 가져가는구나.
자연히 서로 만나 함께 이익을 구하는 거지
본래 두 벌레가 한마음을 하는 건 아니네.

이익, 『성호사설』 중 「만물문」

나는 꿀벌을 기른 지 수십 년으로, 일전에 〈봉왕〉이라는 제목으로 시를 지은 적이 있다.

왕벌이 명령하면 파말마보다 빠르고
우두머리 벌이 문을 지키는데 자물쇠를 단단히 잠그고 있다.
지나다니는 가다리 벌과 놀기만 하는 나나니 벌에게
도적들이 누구냐고 장수벌의 호통소리 용감히 터져 나오네.

마음과 힘은 억만 벌들이 다 같이 쓰게 되고
임금과 신하도 일체로 되는 길에 통하지 않는 것이 없다.

이익, 『성호사설』 중 「만물문」

이렇게 한 편의 시 속에 자연에 대한 관찰과 인생에 대한 심오한 교훈을 담았던 우리 조상의 정신을 현대의 우리는 잃어버렸을까요? 아닐 것입니다. 우리에게도 분명 예리하게 생물을 관찰하는 날카로운 '이성'과 더불어 시를 읽고 시를 쓰는 아름다운 '감성'이 살아 있는, 그러한 피가 흐르고 있어요.

그럼 시를 읽고 쓰고, 노래 부르는 생물 학습 여행을 떠나 볼까요?

1. 시 읽기와 식물 관찰하기

시를 쓰기 위해서는 먼저 시를 읽어야 합니다. 이것은 많은 시 작법 책에서 공통적으로 주장하고 있는 것입니다. 시를 쓰기 전에 시를 읽어서 우리의 뇌를 먼저 감성에 젖게 해야 합니다. 그리고 실물 관찰과 같은 경험이나 활동하여 뇌를 움직이게 하는 것이 필요합니다. 그러한 과정을 거치면 우리의 뇌는 저절로 시를 쓸 수 있는 창조적인 뇌가 됩니다.

뿌리와 줄기

먼저 〈선택〉이라는 제목의 시를 큰 소리로 읽어 봅시다.

선택

김운화

민들레를 뽑아 보면
뿌리가 너무 길어 놀란다.

난쟁이인 줄 알았던 그가
이다지 키 크다니,

연유를 알고 보니
그가 선택한 영토란
딱딱한 거북등 같은 곳

남들은 보드랍고 촉촉한 터에서
넓게, 넓게 곁뿌리를 뻗어 갈 때
그는 물을 찾아 깊이,
길을 만들어 내려갔다.

남들은 밝음 속에서
높이 햇볕을 싸울 때
설 수 없는 그는 조용히 줄기를 포기했다.
밤하늘 별처럼 납작하게 엎드려
어두운 땅 속의 물을
스스로 싸우며 퍼 올렸다.

그리하여 마침내 하나의 꽃대 위에
남들은 상상도 못할
이야기 꽃송이들을
일제히 피워올린 거다.
봄 들판, 탐스럽고 노란
민들레 꽃무리.

민들레 좋아하시나요? 저는 봄 들판에 노랗고 탐스러운 꽃을 피우는 민들레를 정말 좋아합니다. 왜냐고요? 민들레는 다른 식물들이 잘 선택하지 않는 딱딱한 땅을 선택하여 뿌리를 내리고 살아갑니다. 그렇기 때문에 뿌리가 물을 찾아서 땅 속 깊이 자라야 하지요. 뿌리가 자라는 데 에너지를 많이 쓰기 때문인지 줄기는 과감히 포기했습니다. 다른 식물들이 서로 하늘 높이 자라 햇볕 경쟁을 하고 있을 때 남들이 선택하지 않는 딱딱한 땅을 선택하고 줄기를 포기한 민들레. 결코 자신의 환경을 원망하지 않고 자신의 몸을 환경에 맞추어 바꾼 것입니다. 그리고는 어디에서나 누구보다 아름다운 꽃을 피우죠. 선생님은 그러한 민들레의 긍정적이고 적극적인 삶에서 삶의 지혜를 배우고 힘을 얻습니다.

시를 다시 자세히 읽어 볼까요? 1연에서 "민들레를 뽑아 보면/뿌리가 너무 길어 놀란다."라고 하였는데 정말 민들레의 뿌리가 그렇게 긴가요? 들에 나가 민들레의 뿌리를 캐 내어 자세히 관찰해서 그림을 그려 봅시다. 그림을 그렸으면 이제 그 그림을 글로 바꾸어 볼까요? 글만 보아도 그림이 떠오를 수 있게 글로 잘 표현해 봅시다.

이제 시의 5연을 봅시다. "남들은 밝음 속에서 높이 햇볕을 싸울 때/설 수 없는 그는 조용히 줄기를 포기했다."라고 했는데 말한 바와 같이 민들레에는 줄기가 퇴화되어 있어요. 줄기를 포기하는 것이 민들레에게 더 유리했을까요? 어떤 점이 유리할까요?

뿌리를 길게 자라게 하려면 에너지가 많이 필요하겠죠? 에너지를 뿌리 쪽으로 집중하려면 아무래도 줄기를 포기하는 것이 좋겠네요. 여러분도 공부에 집중하려고 친구와 놀고 싶은 마음을 잠시 포기하죠?

또 한 편의 시를 더 읽어 볼까요?

양파

김운화

그대, 양파를 찾으려면 양파를 벗기지 마세요.
양파는 벗고 싶지 않아요. 그대가
칼을 들고 벗기면 양파는
앙칼지게 손톱을 세우고 그대의 눈을 할퀴죠.
벗겨도, 벗겨도 양파는 없어요.

대신, 깨끗한 물 컵 위에 두고
햇살 아래에서 가만히 바라보아 주세요.
양파에선 새하얀 뿌리들이 나와요.
초록 잎들이 쑥 돋아나와요.

제가 누구인지 제 속에 숨어 있던
제 능력을 보여 주어요.

양파가 뿌리인 줄 알았다고요? 시는 "양파에선 새하얀 뿌리들이 나와요./초록 잎들이 쑥 돋아나와요."라고 하네요. 양파는 뿌리가 아니고 식물의 줄기입니다. 양파에서 뿌리와 잎이 나오는 것을 보면 뿌리가 아님을 알 수 있죠. 양파는 줄기가 변형된 형태입니다. 광합성 산물인 '포도당'을 줄기에 저장하는 식물이 양파이지요. 참고로 우리가 식탁에서 맛있게 먹고 있는 감자도 뿌리가 아니라 줄기입니다. 감자는 줄기에 녹말을 저장하는 식물이지요. 감자에서도 뿌리의 싹이 길게 돋아나는 것을 보셨지요?

그런데 양파에서 나오는 뿌리를 보면 민들레, 감자의 뿌리와는 뭔가 좀 다르죠. 잎도 자세히 보면 민들레, 감자의 잎과 그 잎맥이 뚜렷이 차이 납니다.

민들레의 뿌리와 감자의 뿌리는 긴 원뿌리에 곁뿌리가 자라는 형태의 곧은 뿌리이고 양파는 하얀 수염처럼 나란히 자라는 수염뿌리입니다. 보리나 벼도 양파와 같은 수염뿌리를 가지죠. 신기하게도 이러한 뿌리의 형태는 식물을 흙에서 뽑아 보지 않아도 알 수 있어요. 왜냐하면 잎의 잎맥을 보면 알 수 있기 때문이에요. 곧은 뿌리를 가지는 민들레와 감자는 그물맥 잎을 가지고 있어요. 수염뿌리를 가지는 양파, 벼, 보리는 잎맥이 어떤가요? 나란히맥이죠? 이러한 뿌리와 잎의 형태는 식물의 떡잎 때부터 알아볼 수 있는데요. 곧은뿌리와 그물맥잎을 가진 식물은 떡잎이 두 장, 수염뿌리와 나란히맥 잎을 가지는 식물은 떡잎이 한 장 나옵니다. 그래서 이러한 식물의 특징을 기준으로 두 무리로 분류할 수 있습니다. 떡잎이 한 장 나오는 경우는 외떡잎식물이라고 하고, 떡잎이 두 장 나오는 경우는 쌍떡잎식물이라고 하지요.

그런데 쌍떡잎식물과 외떡잎식물의 공통점은 무엇일까요? 식물들이 꽃에 씨방을 가지고 있다는 것입니다. 이렇게 씨방을 가지고 있는 식물을 '속씨식물'이라고 합니다. 쌍떡잎식물과 외떡잎식물은 공통적으로 속씨식물입니다.

외떡잎식물의 대표로 벼, 쌍떡잎식물의 대표로 완두를 예로 들어 그 꽃을 살펴볼까요? 벼꽃과 완두의 꽃에서 공통적으로 암술 아래 씨방이 있는 것이 보이죠? 씨방 속에는 무엇이 들었을까요? 식물 자신에게 너무도 소중한 것이 들어 있습니다. 씨방 속에 무엇이 들어 있는지 조금 있다가 함께 씨방 속을 해부해 보도록 해요. 그럼 씨방이 없는 식물도 있을까요? 네, 있습니다. 그것도 나중에 함께 알아보도록 합시다.

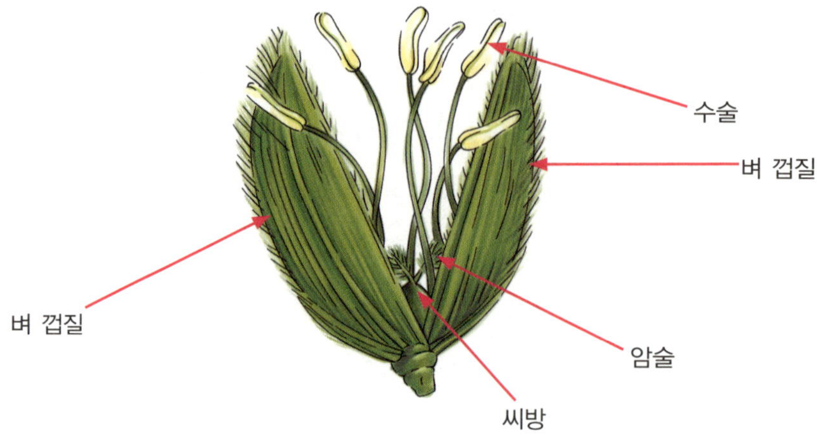

외떡잎식물인 벼꽃의 씨방

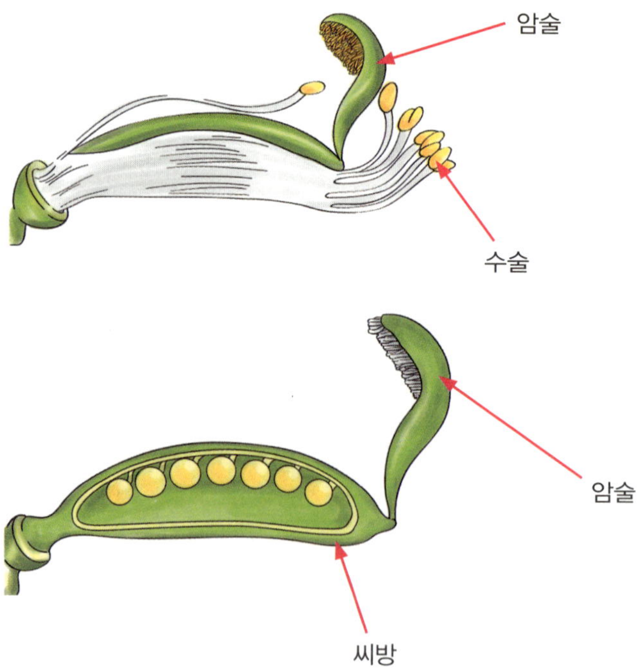

쌍떡잎식물인 완두꽃의 씨방

꽃과 씨

앞의 시 〈선택〉 6연에서 "그리하여 마침내 하나의 꽃대 위에/남들은 상상도 못 할/이야기 꽃송이들을/일제히 피워올린 거다."라고 했는데 무슨 말일까요?

'국화' 하면 생각나는 서정주 시인의 〈국화 옆에서〉 아시죠? 누구나 한번쯤 암송해 보는 시인데요. 함께 암송해 봅시다.

국화 옆에서

서정주

한 송이의 국화꽃을 피우기 위해
봄부터 소쩍새는 그렇게 울었나 보다.

한 송이의 국화꽃을 피우기 위해
천둥은 먹구름 속에서
또 그렇게 울었나 보다.

그립고 아쉬움에 가슴 조이던
머언 먼 젊음의 뒤안길에서
인제는 돌아와 거울 앞에 선
내 누님같이 생긴 꽃이여.

노오란 네 꽃잎이 피려고
간밤엔 무서리가 저리 내리고
내게는 잠도 오지 않았나 보다.

시에서 "한 송이의 국화꽃을 피우기 위해 봄부터 소쩍새는……."이라고 노래했는데 과연 시인은 국화가 두상화라는 사실을 알았을까요? 알았다면 조금 다른 표현이 나왔을까요? 한 송이 국화처럼 보이지만 사실은 한 송이가 아니라 엄청난 많은 수의 국화꽃이 모여 있는 것이거든요. 보세요, 다음 그림이 바로 민들레 한 송이입니다.

여러 송이의 꽃이 꽃대 위에 모여 있는 두상화인 민들레

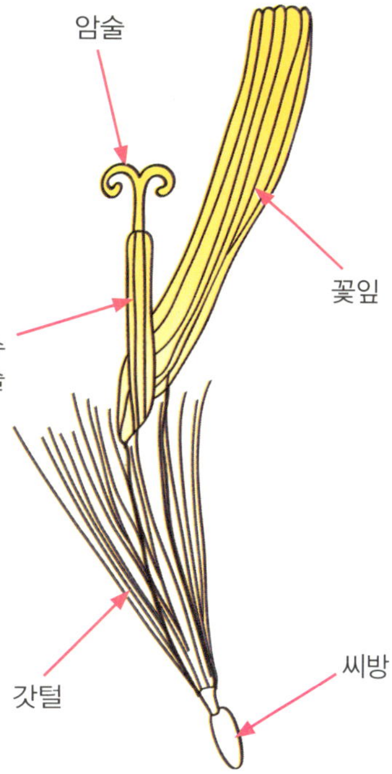

민들레는 꽃잎, 꽃받침, 암술, 수술을 모두 갖춘 갖춘꽃이고, 꽃잎이 5장이 붙어 있는 통꽃이며, 곤충이 화분을 암술머리에 옮겨 수분하는 충매화입니다.

민들레가 풍매화라고요? 바람에 날아가는 것을 보았다고요? 아닙니다. 바람에 날아가는 것은 민들레의 씨앗이죠. 민들레의 꽃가루는 곤충들에 의해 암술머리에 옮겨집니다. 그런 꽃을 충매화라고 하지요. 노랗고 예쁜 꽃잎의 민들레에게 너는 풍매화라고 하면 서운해할 거예요. 풍매화들은 예쁜 꽃잎을 가지고 있지 않거든요.

가수 박미경이 부른 〈민들레 홀씨 되어〉라는 노래 아시나요? 노래를 들으며 가사를 음미해 봅시다.

민들레 홀씨 되어

노래 박미경

달빛 부서지는 강둑에 홀로 앉아 있네.
소리 없이 흐르는 저 강물을 바라보며 아-
가슴을 애이며 밀려오는 그리움, 그리움.

우리는 들길에 홀로 핀 이름 모를 꽃을 보면서
외로운 맘을 나누며 손에 손을 잡고 걸었지.

산등성이에 해질녘은 너무나 아름다웠었지.
그 님의 두 눈 속에는 눈물이 가득 고였지.

어느새 내 마음 민들레 홀씨 되어
강바람 타고 훨훨 네 곁으로 간다.

아름답지만 결정적으로 이 노래에는 생물학적으로 큰 오류가 있는데요. 무엇일까요? 노래에서 "민들레 홀씨 되어"라고 했는데, 바로 이 부분이 문제입니다. 민들레가 훨훨 날려 보내는 것은 '홀씨'가 아니라 '씨'입니다. 씨는 '종자'인데 꽃가루의 핵과 암술 밑씨의 핵이 수정되어서 만들어지는 것이지요. 홀씨는 '포자'라고 하며 고사리, 이끼, 곰팡이, 버섯 등에서 체세포가 분열해서 만들어지는 것입니다. 민들레가 얼마나 눈물겹게 예쁜 꽃을 피우고, 곤충들을 불러 모아 수정해서 만들어 날리는 씨앗인데 홀씨라니! 참나, 민들레는 얼마나 억울하겠어요. 노래를 바르게 고친다면 어떻게 고쳐야 옳을까요? 그렇죠. "민들레 씨 되어" "민들레 종자 되어"!

수정 후에 민들레의 꽃잎이 시들면 꽃받침 대신이던 갓털이 낙하산처럼 퍼지며 종자를 바람에 날려서 새로운 땅을 찾아갑니다. 그래서 우리나라의 민들레가 저 시베리아 벌판에도 피어나고, 유럽의 민들레가 우리 집 마당에도 피어납니다. 민들레에게는 국경도 휴전선도 없어요. 우리 집 마당의 민들레 씨앗에 편지를 써서 북한의 친구에게 띄우면 어떨까요?

그런데 씨 속에는 무엇이 들었을까요? 다음은 복효근 시인의 시입니다. 함께 감상해 볼까요? 큰 소리로 낭송해 봅시다.

씨알 속 우주 한 그루

복효근

언제가 단감을 깎아 먹고
그 씨알 하나를 세로로 쪼개어 본 적이 있다.

씨알 속에는 길이 1센티도 안 되는
뽀얀 나무 한 그루가 서 있었다.
느낌표 같은 나무의 줄기에 2개의 앙증스런 잎사귀가
화살표의 형상으로 이미 하늘의 방향을 가리키고 있어
화살표 이쪽으론
한 하늘 가득 창창히 뻗어오를 감나무의 전 생애와
한 그루 감나무가 걸어갈 수억 년이,
화살표의 저 쪽으론 또
감나무가 걸어온 수억 년이
그 작은 씨알 속에 압축되어 있었다.
그 속에
수억 년 전의 감나무 아래서 감을 따는 나와
또 수억 년 뒤의 감나무 아래서 감을 따는 내가
태반 속의 아이처럼 매달려 있었다.

무시무종(無始無終)
우주가 잠시 비밀을 들켜 주는 순간.

여러분도 감 씨를 쪼개어 본 일이 있나요? 못 보았다면 지금 당장 관찰해 보세요. 감 씨 속에 있는 하얀 숟가락 같은 것이 보이나요?

감 씨 절단면

감 씨 속의 하얀 숟가락, 그것은 '배'라고 하는 것으로, 말하자면 감나무의 '태아'입니다. 감꽃 꽃가루의 핵이 씨방 속에 있던 밑씨의 핵과 수정하여 이 '배'가 됩니다. '배'는 씨앗의 껍질을 깨고 발아하여 나중에 감나무로 자라게 되죠. 우리가 엄마, 아빠를 닮듯 어린 감나무도 어른 감나무와 닮은 모습으로요. 이러한 일이 수억 년 전 과거에서부터 수억 년 후 미래로 이어져 계속됩니다. 이것이 생명의 신비로운 비밀이지요.

시인은 감 씨 한 알을 쪼개어 보고 이 생명의 비밀을 깨달아 시를 쓴 것인데요. 이렇게 생물을 자세히 관찰하고, 가만히 성찰하다 보면 자연의 비밀을 깨닫게 됩니다. 이제 우리도 시인처럼 자연의 비밀을 찾아 아름다운 시를 써 보도록 할까요?

2. 시 쓰기와 노래 만들기

시 쓰기 방법

짧은 성찰 글 쓰기

조용한 명상 음악에 몸을 맡기고 다음과 같은 활동지에 '짧은 성찰 글 쓰기'를 해 봅시다. '성찰 글'은 시를 쓰기 위한 텍스트가 됩니다. 말하자면 짧은 '짧은 성찰 글 쓰기'는 시의 씨앗을 뿌리는 일이라고 할 수 있습니다. 관찰 사실을 통해 놀란 사실이나 깊은 감동을 받은 사실을 파란 씨앗에 기록하고 그것을 사람의 삶에 비유해서 무엇과 유사한지를 성찰하여 노란 씨앗에 기록합니다.

활동지 짧은 성찰 글 쓰기

시의 씨앗

나는 (　　　　　　　　　)을 자세히 관찰해 보고

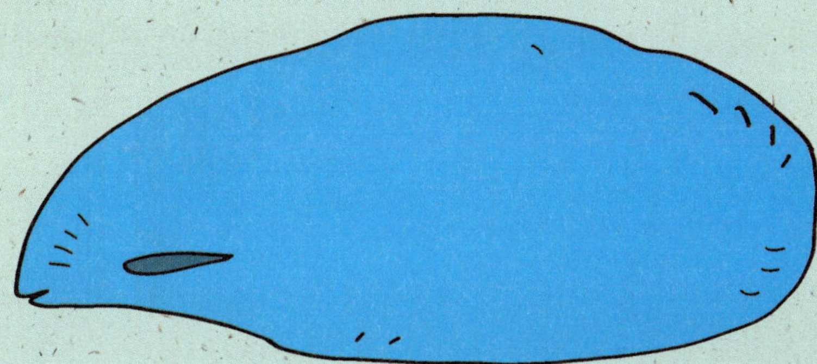

라는 사실에 매우 놀랐다.
라는 생각에 깊은 감동받았다.

사람의 삶에 비유한다면 마치

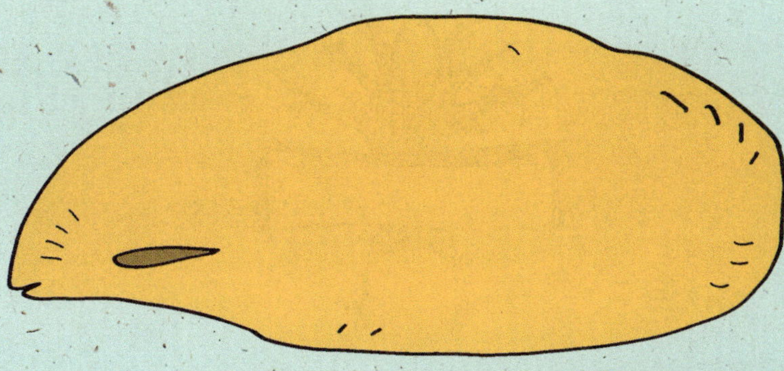

와 유사함을 알게 되었다.

씨앗 발아시키기

씨앗을 뿌리고 나면 물을 주어 씨앗을 발아시켜야 하겠지요? 다시 한 번 명상 음악에 몸을 맡기고 선생님의 낭송 시를 감상해 봅시다. 여러분의 감성에 '선생님의 시 낭송'이라는 물을 주면 여러분의 내면에서 시의 씨앗이 발아될 것입니다. 시를 쓰기 위해서는 먼저 지금까지 우리가 한 것처럼 남의 시를 읽고 감상에 젖는 것이 중요합니다. 낭송 시의 리듬을 느껴 봅시다. 낭송 시에서는 어떻게 생물을 관찰하여 어떻게 비유와 은유를 사용하여 감동적으로 표현했는지 토의해 봅시다. 그런 후에 우리도 이제 시를 써 보겠습니다. 시는 다음과 같은 활동지를 따라가며 쓸 것입니다.

뿌리 내리기

노란 씨앗에 성찰 글 쓰기에서 얻은 단어 하나를 선택하여 기록하세요. 그리고 그 단어에서 떠오르는 생각을 '브레인라이팅'하여 뿌리를 내려 마인드맵을 그립니다.

마인드맵은 핵심 단어와 이미지의 연결로 사고를 넓혀 나가는 학습 방법입니다. 생각의 핵심이 되는 내용은 항상 중심 이미지에서 놓고, 중심 이미지와 관련된 주요 내용은 사람의 몸에 붙어 있는 팔처럼 연결하여 표현하죠. 그리고 이러한 가지들의 연결은 핵심 이미지와 핵심 단어를 통해 쭉 뻗어 나갑니다. 이러한 '마인드맵(마음지도)'은 보다 많은 아이디어 생성과 사고 확장을 돕습니다. 개인적으로 생성된 아이디어의 기록이 되는 동시에 보다 많은 아이디어의 생성을 돕게 되지요. '새로운 관점에서 연결하는 방법'도 있습니다. 개념 구조도가 비슷한 것끼리 묶었다면 가장 비슷하지 않은 것과 가장 그럴듯하지 않은 것끼리 관계를 지은 후 새로운 관계를 지어 줌으로써 새로운 관점에서 사물을 바라볼 수 있습니다. 마인드맵이나 개념 구조도에서 정리한 생각을 모둠원들이 써 가는 '모둠 쓰기'를 할 수도 있습니다. 모둠 쓰기를 할 때는 여러 모둠에서 다양한 관점으로 시 쓰기를 할 수도 있습니다. 모둠은 연상 단어를 생각그물로 그리면서 서로 빠르게 돌아가며 기록하세요. 여러 모둠에서 다양한 관점의 핵심 단어로부터 시작하면 좋겠지요.

모둠 시 쓰기

모둠원들이 협력하여 좀 더 좋은 시를 만들어 봅시다. 모둠 시는 다음과 같은 순서로 씁니다.

1. 모둠원끼리 토의하여 중심에 생각의 핵심이 되는 내용 하나를 씁니다.
2. 모둠원끼리 빠르게 돌리며 중심 이미지와 관계되는 내용을 가지로 계속 연결합니다.
3. 주제에 맞지 않는 것은 버리고 맞는 생각을 골라 연결하고 다듬어 모둠 시를 완성합니다.

줄기 세우기

뿌리의 마인드맵으로 사고를 확산시켰다면 이제는 이 사고를 수렴하여 자신만의 본질적인 내용을 찾아야 합니다. 그것이 시의 처음부터 시의 끝까지를 연결해 나갈 시의 주제가 됩니다.

잎 달기

주제를 다시 '확산 사고'하여 의인화하기나 비유하기 유추하기 등을 활용하여 시를 다양하게 표현하여 씁니다.

시를 쓰는 순서

1. 낮은 차원에서 높은 차원으로 깨닫게 된 순서를 씁니다.
2. 생활의 형상과 연계하여 절실하고 깊이 있는 느낌에 따라 묘사하여 씁니다.
3. 주제 사상을 발전시키는 방향으로 씁니다.

시의 꽃 피우기

생각 고르기와 버리기

주제에 맞지 않는 것은 버리고 주제에 맞는 생각만 골라 연결하여 다듬습니다.

리듬 만들기

시는 언어가 세련되고 음악성이 강합니다. 시어가 세련되고 함축성이 있어야 깊이 있는 사상과 강렬한 감정을 표현할 수 있습니다. 시의 리듬에는 '드러나는 리듬'과 '숨은 리듬'이 있습니다. '드러나는 리듬'과' 숨은 리듬'을 잘 연관 지으면 시는 한 송이 아름다운 꽃으로 피어납니다.

리듬 만들기

드러나는 리듬 만들기

드러나는 리듬을 만들기 위해서는 소리 내어 쓴 시를 반복해서 읽어 보아야 합니다. 의미나 주제는 생각하지 않고 단지 노래를 부르듯 내가 쓴 시를 읽으며 리듬이 자연스럽지 않은 말은 리듬을 맞추기 위해 줄이거나 다른 말로 바꿉니다.

숨은 리듬 만들기

숨은 리듬은 세 가지로 나눌 수 있습니다. 의미 리듬, 이미지 리듬, 모티프 리듬입니다. 이러한 숨은 리듬에 의해 좀 더 좋은 시가 됩니다.

'의미 리듬'이란 시의 언어에 함축된 의미가 유사하게 반복되어 형성되는 리듬으로 의미와 의미가 자연스럽게 소통되도록 써야 합니다.

'이미지 리듬'이란 구체적인 대상을 추상적인 것으로 혹은 추상적인 대상을 구체적인 것으로 말을 바꾸는 것에 어떤 패턴을 형성하여 생기는 리듬입니다. 이러한 리듬은 시에서 정서적 통일성을 만들어서 주제를 강하게 드러낼 수 있게 합니다.

'모티프'란 어떤 사물을 관찰하여 주제가 떠올랐을 때 시를 쓰고 싶어지는 의욕입니다. 이러한 마음속의 모티프는 의도하지 않아도 저절로 시 속에 리듬으로 나타납니다. 이러한 모티프 리듬을 잘 살리면 생동감과 긴장감이 넘치는 시가 됩니다.

다듬기

시를 쓴 후에는 반드시 자신의 시를 고치기 틀에 넣어서 멋진 옷처럼 재단을 해야 합니다. 멋진 쇼를 준비하는 마음으로 적극적으로 시를 재단해 보세요!

고치기 틀

1. 같은 말이 있는가?– 불필요하게 반복된 말은 하나만 남기고 지우기
2. 연결이 어색한 말이 있는가?– 소리 내어 자꾸 읽어 보고 연결되는 다른 말로 바꾸기
3. 주제와 다른 말이 있는가?– 지우거나 바꾸기
4. 너무 긴 말이 있는가? – 내용을 압축하여 가장 짧게 고치기
5. 불필요한 설명인가?–설명 안 해도 모두 아는 내용은 삭제하기
6. 맞춤법이 틀린 곳이 있는가?– 맞춤법에 맞게 고치기

시의 꽃 나누기–낭송 및 평가

명상 음악을 들으면서 여러분이 쓴 시를 친구들 앞에서 아름다운 감성을 표현하며 낭송해 봅시다.

짧은 성찰 글 쓰기(시의 씨앗)

시 쓰는 과정(뿌리 내리기→줄기 세우기→잎 달기)

모둠 시 쓰기

모둠 돌려 시 다듬기

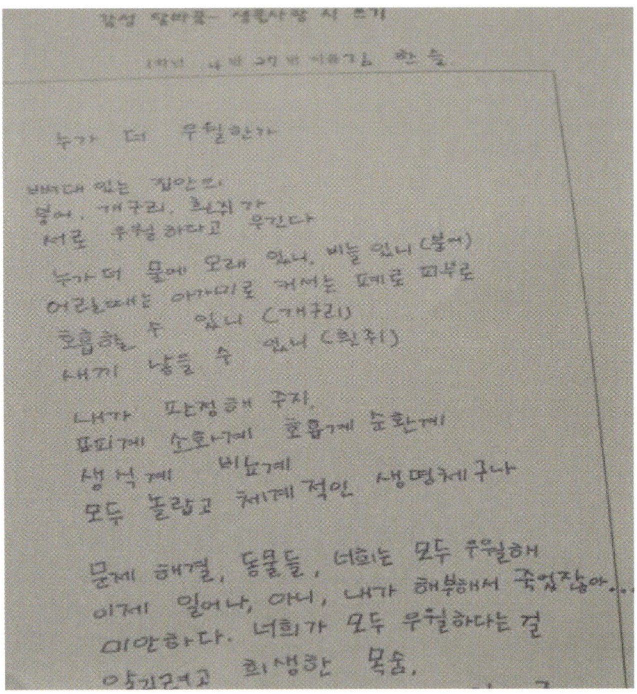

누가 더 우월한가

배에대 있는 집안의
붕어, 개구리, 흰쥐가
서로 우월하다고 우긴다
누가 더 물에 오래 있니, 비늘 있니 (붕어)
어렸을때는 아가미로 커서는 폐로 피부로
호흡할 수 있니 (개구리)
새끼 낳을 수 있니 (흰쥐)
내가 판정해 주지.
뜨띠게 소화하게 호흡하게 순환하게
생식케 배설케
모두 놀랍고 체계적인 생명체구나

문제 해결, 동물들, 너희는 모두 우월해
이제 일어나, 아니, 내가 해부해서 죽었잖아...
미안하다. 너희가 모두 우월하다는 걸
알리려고 희생한 목숨.

시 완성하기

식물 해부와 시 쓰기

앞에서 씨방 속에 무엇이 들었는지 함께 해부해 보기로 약속했었지요?
이제 백합의 씨방을 가로와 세로로 절단하여 실제 현미경으로 관찰해 봅시다.

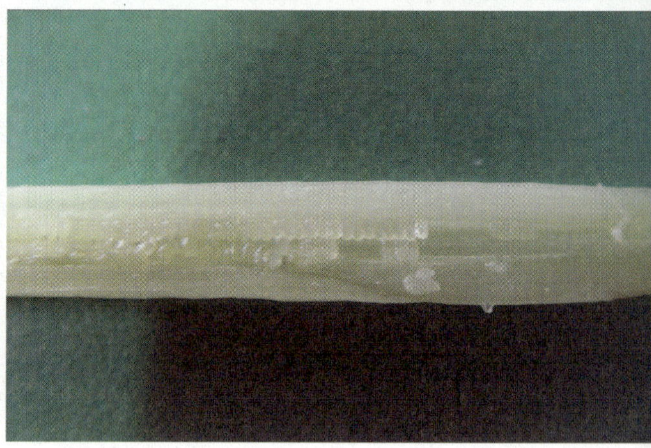

관찰하면서 짧은 성찰 글 쓰기를 합니다.

속씨식물의 씨방-백합의 씨방

짧은 성찰 글 쓰기

주제: 백합의 씨방

단계	인식 내용	글 쓰기
주제	나는 지금 무엇이 궁금한가?	백합의 씨방 속에는 밑씨가 하나 들어 있을까?
탐구 동기	이 활동을 왜 하게 되었나? 선생님은 어떤 말씀으로 탐구하게 하시나?	속씨식물과 겉씨식물의 차이점은 씨방이 있는가, 없는가인데 씨방에 밑씨가 있다는 것을 확인하고 하나의 씨방에 하나의 밑씨가 들어 있는지 본다.
관찰 소재	무엇을 관찰하는가?	백합의 씨방
	어느 곳을 관찰하는가?	백합의 암술 아래 씨방 속
	무엇으로 관찰하는가?	해부현미경
관찰 방법	어떤 순서로 관찰하는가?	백합의 씨방을 가로로 잘라 관찰한다. 백합의 씨방을 세로로 잘라 관찰한다.
관찰 결과	어떤 결과를 얻었나?	가로로 잘라 보니 삼각형 모양으로 삼각형의 각각에 2개씩의 투명한 밑씨가 보인다. 세로로 잘라 보니 두 줄씩 세 면으로 투명한 밑씨들이 옥수수의 알처럼 빼곡하게 들어 있다.
결과 해석	결과는 무엇을 의미하는가?	하나의 백합에서 여러 개의 씨가 생길 수 있음을 의미한다.
	무엇을 알 수 있는가?	씨방 하나에 여러 개의 밑씨가 있을 수 있다
결론	내 궁금증에 대한 나의 결론은 무엇인가?	백합의 씨방 속에는 여러 개의 밑씨가 들어 있다.
	실험 후 무엇을 생각하게 되었나?	식물의 생명에 대한 의지를 느낄 수 있었다. 씨가 수정되기 전의 밑씨를 관찰하면서 엄마 배 속에서 자라는 아기를 생각했다. 식물이라는 생물체도 고귀한 것임을 깨닫게 되었다.

자, 이제 이 짧은 성찰 글을 그대로 시로 써 볼까요?

그러기 위해서는 보고서를 감성적으로 '감성 탈바꿈' 해야 합니다.

백합 속의 쌍둥이

임미진

백합의 암술 아래 씨방을 잘라
해부현미경으로 관찰해 보자.

씨방을 가로로 잘라 보니
야, 투명한 밑씨가 보이네.
세로로 잘라 보니
투명한 밑씨들이 옥수수의 알처럼 빼곡하게 들어 있네.

백합의 씨방 속에 이렇게 많은 밑씨가
꽃 세상을 꿈꾸고 있었구나.

백합은 결혼하면 다란성 쌍둥이를 낳겠구나.
우리 엄마의 배 속에서도 내가 이런 밑씨로 있었을까?

어쩌면 아기를 하나씩 낳는 사람들보다
백합이 더 놀라운 삶의 의지를 지녔는지 몰라.

미진이는 백합의 밑씨를 관찰하고서 다란성 쌍둥이를 연상했네요! 이러한 연상은 생물 수업 내용을 정확히 이해하고 있을 때 가능한 일이죠. 미진이는 탐구 활동을 바탕으로 선생님의 설명을 귀담아 듣고 씨방의 의미를 정확히 이해한 다음 시를 쓴 거예요. 사람으로 치면 씨방은 여자의 난소에 해당하겠죠. 그러니까 여러분은 속씨식물의 난소 속을 들여다 본 것입니다. 그 속에는 사람의 난자에 해당하는 밑씨가 들어 있었죠. 이렇게 씨방 속에 밑씨를 가진 벼, 민들레, 완두 등의 식물을 속씨식물이라고 합니다. 즉, 속씨식물이란 씨방 속에 밑씨를 가지는 식물의 무리를 말합니다. 그럼 씨방이 없는 식물은? 소나무나 은행나무 등입니다. 소나무나 은행나무는 씨방이 없이 그냥 밑씨만 있죠. 이러한 식물은 겉씨식물이라고 합니다.

딸기는 씨가 밖에 있으니 겉씨식물이라고요? 아닙니다. 다시 말하지만, 속씨식물과 겉씨식물은 씨의 위치가 분류 기준이 아니고, '씨방의 유무'가 분류 기준입니

다. 딸기 꽃의 암술 아래에 씨방이 있으므로 속씨식물입니다. 씨방 속에는 무엇이 있었습니까? 밑씨가 있죠. 나중에 이 밑씨의 핵과 화분의 핵이 수정하여 씨 속의 배가 되고 배는 자라서 식물체가 돼요.

그런데 겉씨식물은 씨방이 없어요. 그냥 밑씨만 있죠. 그래서 겉씨식물은 주로 화분을 밑씨로 옮기는 데 바람을 이용합니다. 봄이 되어 송화 가루가 바람에 날리는 것을 보았지요? 은행나무의 꽃가루도 이렇게 바람에 의해 전달되죠. 이렇게 소나무, 은행나무와 같이 밑씨가 씨방 없이 그냥 노출되어 있는 식물을 겉씨식물이라고 합니다.

속씨식물

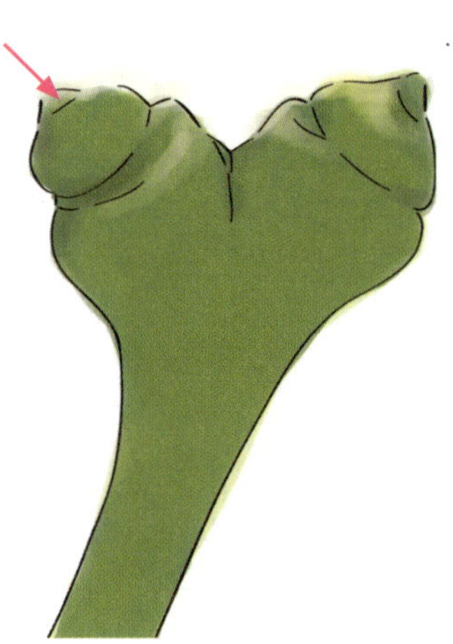

겉씨식물

암 솔방울(암꽃)을 관찰해 보세요.
밑씨가 보이죠?

소나무의 암꽃

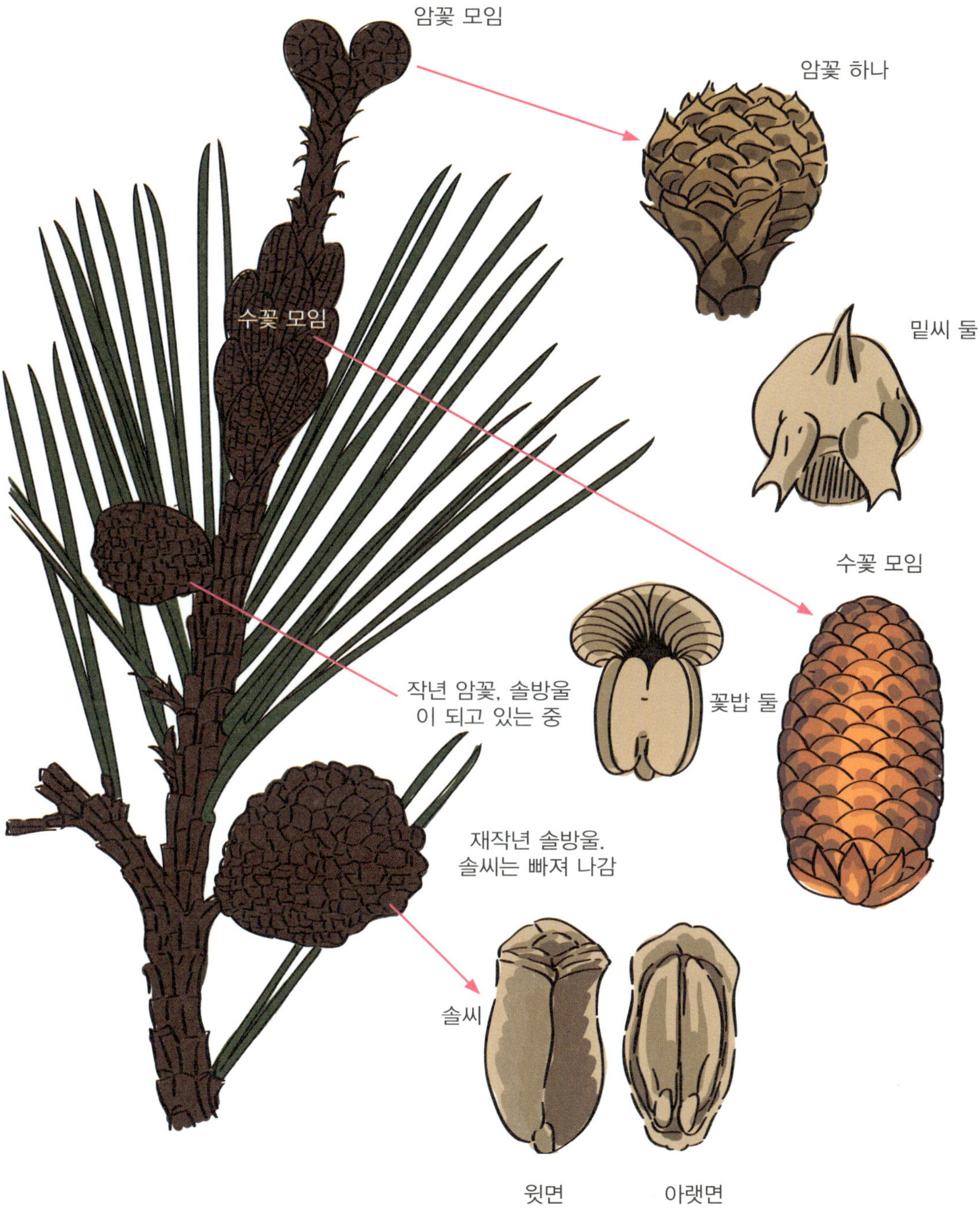
암꽃 모임
암꽃 하나
밑씨 둘
수꽃 모임
수꽃 모임
꽃밥 둘
작년 암꽃, 솔방울
이 되고 있는 중
재작년 솔방울.
솔씨는 빠져 나감
솔씨
윗면
아랫면

겉씨식물에는 어떤 식물들이 있을까요? 다음의 식물들이 겉씨식물입니다. 우리 학교 정원에 있는 겉씨식물을 찾아보세요.

겉씨식물의 분류

구과식물문 -구과식물강 -구과목	소나무과	전나무, 잣나무, 가문비나무, 독일가문비나무, 구상나무
	측백나무과	향나무, 측백나무, 편백나무, 화백나무
은행나무문		은행나무
소철문		소철류
마황문		마황

이제 이런 식으로 쌍떡잎식물의 줄기를 횡단하여 관다발을 관찰하고 시를 써 봅시다.

쌍떡잎식물의 줄기–관다발

짧은 성찰 글 쓰기

주제: 쌍떡잎식물의 관다발

단계	인식 내용	성찰 글 쓰기	시
주제	나는 지금 무엇이 궁금한가?	나무 줄기의 체관은 어디에 있을까?	제목
탐구 동기	이 활동을 왜 하게 되었나? 선생님은 어떤 말씀으로 탐구하게 하시나?	속씨식물 관다발의 구조를 알아보고자 한다.	
관찰 소재	무엇을 관찰하는가?	나무의 줄기	1연
	어느 곳을 관찰하는가?	줄기의 바깥	
	무엇으로 관찰하는가?	맨눈	
관찰 방법	어떤 순서로 관찰하는가?	줄기를 환상으로 껍데기를 벗겨내고 줄기의 상태를 관찰한다.	2연
관찰 결과	어떤 결과를 얻었나?	줄기의 환상으로 박피된 위쪽 부분이 부풀었다.	3연
결과 해석	결과는 무엇을 의미하는가?	환상박피로 체관이 잘려나가 잎에서 만든 유기양분이 내려오지 못한다. 시간이 더 지나면 양분이 전달되지 못해 식물은 죽게 될 것이다.	4연
	무엇을 알 수 있는가?	체관은 줄기의 껍질 가까이에 환상으로 존재한다. 줄기 껍질에 상처를 내는 것은 나무에게 치명적이다.	

결론	내 궁금증에 대한 나의 결론은 무엇인가?	양분이 지나는 통로인 체관은 줄기의 껍질 근처에 둥글게 분포되어 있다.	5연
	실험 후 무엇을 생각하게 되었나?	체관이 줄기의 껍질 근처에 있는 것은 나무들이 혹시 자신이 광합성으로 만든 유기양분을 숲의 곤충들이 쉽게 얻어먹을 수 있도록 배려한 것이 아닐까? 만약 체관이 줄기 속 깊숙이 있었다면 연약한 곤충들의 입으로 어떻게 양분을 얻어먹을 수 있겠는가?	

감성 탈바꿈 시 쓰기

나무의 마음씨

김유진

나무 줄기껍질을 환상으로 얇게 벗겨내고
그 변화를 관찰해 보자.

박피된 위쪽 부분이 부풀었다.
이것은 체관이 잘려나가
잎에서 만든 유기양분이 내려오지 못한 것.
시간이 더 지나면
양분이 전달되지 못해 식물은 죽게 되겠지,

양분이 지나는 통로인 체관은
줄기의 껍질 근처에 둥글게 분포되어 있었구나.
줄기껍질에 상처를 내는 것은

나무에게 치명적인 일이구나.
그런데 나무들은 왜 체관을 줄기 맨 바깥쪽에 두고 있을까?
귀하게 만든 유기양분을 보호해야 할 텐데…….

체관의 위치는
나무의 깊은 배려의 마음씨가 아닐까?
자신이 광합성으로 만든 유기양분을
숲의 곤충들에게도 쉽게 나누어 먹일 수 있도록.
만약 체관이 줄기 속 깊숙이 꽁꽁 숨겨져 있었다면
연약한 곤충들의 입으로 어떻게 양분을 얻어먹겠나.

이 시에서 유진이는 쌍떡잎식물의 관다발에서 체관의 위치를 찾고 그 의미를 생각하였어요. 유진이가 놀라운 의미를 찾아냈네요! 유진이는 체관의 위치가 '나무의 마음씨'라고 하였어요. 매미가 나무 줄기에 붙어서 맴맴 우는 것을 본 적이 있지요? 매미는 주둥이를 나무 줄기에 꽂아 나무에게서 당분을 얻어먹어야 합니다. 나무 줄기에서 당분이 지나가는 통로는 체관이지요. 그런데 나무가 당분을 나누어 주지 않으려고 체관을 줄기 속 깊숙이 숨겨 두었다면 어떻게 매미와 같은 곤충들이 당분을 얻어먹을 수 있겠어요? 표피 가까이에 체관을 두고 있으니 곤충들이 쉽게 당분을 얻어먹을 수 있지요. 곤충들이 먹으면 얼마나 먹겠습니까? 유진이는 나무가 자신이 열심히 광합성하여 만든 당분을 숲의 곤충들과 나누어 먹기 위해 체관을 줄기의 바깥쪽에 두고 있다고 생각하고 있습니다. 이렇게 시를 쓴 후에 유진이가 관다발에서 체관의 위치를 찾는 평가 문항에 오답을 할 이유는 없겠지요? 왜냐하면 유진이는 관다발에서 체관의 위치가 바깥쪽이라는 단순 지식만 익힌 것이 아니라 그 의미까지 생각하여 곤충들이 쉽게 양분을 나누어 먹게 하려는 나무의 마음씨마저도 생각해 낸 학생이기 때문이죠.

동물 해부와 시 쓰기

식물 해부 관찰을 하였으니 이번에는 동물 해부 관찰도 해 볼까요? 그런데 동물 해부 관찰은 생명윤리 차원의 찬반 논쟁에서 선생님들의 각 입장이 팽팽히 맞서고 있는 탐구 활동이에요. 해부 관찰에 의해 생물의 내부 구조를 쉽고 정확하게 배울 수 있고, 기억이 오래 가며 학생의 능동적 참여를 유도할 수도 있지만, 가치관을 형성하는 과정에 있는 어린 학생들에게 사전 교육 없이 동물 해부를 할 경우 인간 이외의 동물은 윤리적으로 고려하지 않거나 동물의 권리에 대해 무감각하게 될 수도 있다는 것이죠. 따라서 동물 해부 관찰에 대해 많은 선생님들이 죄책감이나 부담감을 느끼고 있고, 여러분도 동물 해부 실험 시에 죄책감이나 부담감을 느끼고 있는 것이 사실이죠. 그래서 저는 해부 실험에서는 반드시 시 읽기와 시 쓰기 활동을 해야 한다고 생각해요. 시는 여러분의 감성을 부드럽게 어루만져 주고, 생각을 깊어지게 해서 스스로 올바른 가치를 선택할 수 있게 하며 마음을 깨끗하게 정화해 주는 효과가 있기 때문입니다.

동물 해부 전에는 반드시 시인들의 아름다운 생명 사랑 시를 먼저 읽으세요. 소리내어 읽는 것이 좋습니다. 그런 후 동물 해부 시에는, 예를 들어 붕어를 해부할 경우 “붕어의 내부기관이 사람의 내부기관과 공통적인 점은 무엇인가?”와 “붕어와 사람의 형태적인 차이점은 무엇이며 왜 그러한 차이가 있을까?” 등을 성찰 글쓰기합니다. 그런 다음 “붕어가 나라면 어떤 생각, 어떤 말을 하고 어떤 느낌이 들까?” 하는 생각으로 감성 탈바꿈을 하세요. 자, 이제 붕어 해부 후에 쓴 친구들의 시 작품을 봅시다.

붕어 해부 관찰하기

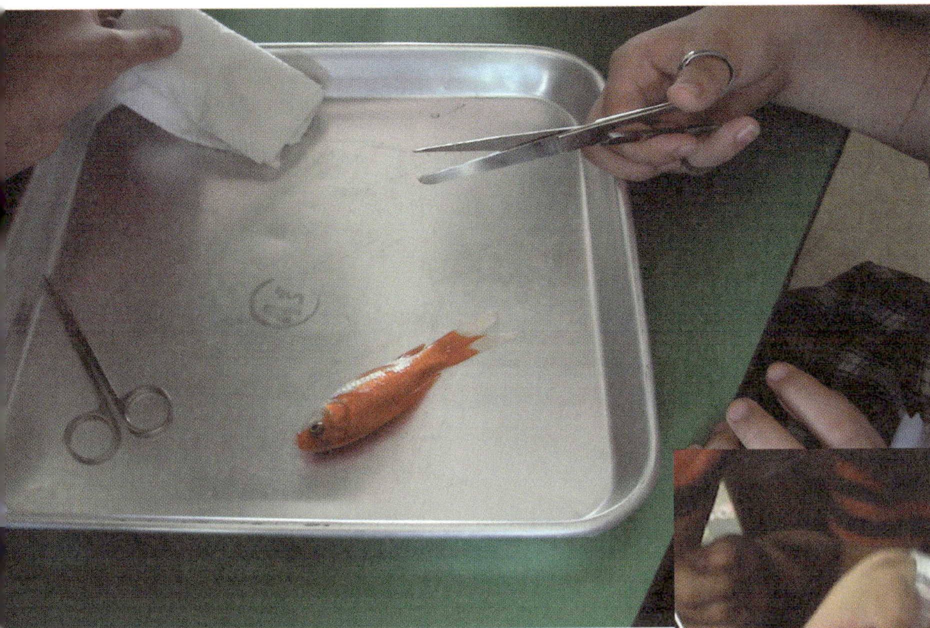

붕어를 해부하고 있는 학생들

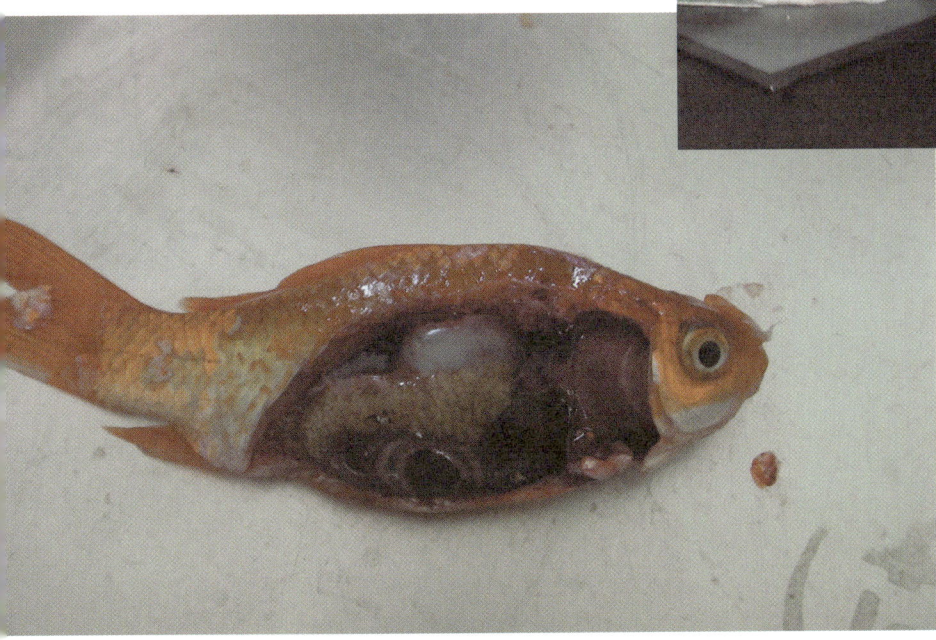

짧은 성찰 글 쓰기

주제: 붕어 해부 관찰 1

단계	인식 내용	성찰 글 쓰기	시
관찰 소재	붕어의 피부계	거친 비늘이 촘촘히 박혀 있다.	1연
	골격계	척추를 보았다.	
	신경계	옆줄, 구멍 뚫린 비늘 아래 신경이 뇌에 연결되어 있다. 콧구멍 2개	
	호흡계	아가미 빨간색 빗살 모양이다.	
	순환계	아가미 아래에 작은 심장이 뛰는 것을 보았다.	
	배설계	콩팥 – 부레 밑에 있다.	
	생식계	알집(난소)을 보았다.	
	소화계	간, 긴소화관, 항문 등을 보았다.	
관찰 과정	사람의 기관계와의 공통점은?	척추가 있다. 심장이 있다. 콩팥이 2개다. 간이 있다. 신경이 있어 뇌와 연결. 콧구멍으로 냄새를 맡는가? 소화관 끝에 입과 항문이 있다.	2연
	공통점으로부터 알게 된 것은?	작은 붕어도 인간과 같이 많은 기관계들로 이루어져 있다.	3연
	붕어가 환경에 적응한 점은?	아가미 호흡을 한다. 지느러미가 있고 부레가 있다. 피부에 비늘이 있다. 몸이 유선형이다.	4연
관찰 결과	붕어와 사람 중 누가 더 우월한가?	사는 곳이 달라서 그 기관이 다를 뿐 누가 더 우월하다고 볼 수 없다.	5연
결과 해석	나는 무엇을 깨달았는가?	생물은 환경에 적응하여 살아간다. 약한 동물도 함부로 다루어서는 안 된다. 생명은 놀랍고 소중하다.	6연

주제: 붕어 해부 관찰 2

단계	인식 내용	성찰 글 쓰기	시
관찰 소재	생물이 볼 수 있다면 지금 무엇을 보고 있을까?	붕어의 살이 사라지는 것을 보고 있다. 또 나를 보고 있다.	1연
관찰 과정	생물이 들을 수 있다면 무슨 말을 듣고 있을까?	우리들이 하는 말과 선생님이 하시는 말씀을 희미하게 들을 것이다.	2연
	생물이 냄새를 맡는다면 무슨 냄새를 맡고 있을까?	에테르 냄새가 계속 날 것이다.	3연
	생물이 느낀 다면 지금 무엇을 느끼고 있을까?	가위로 몸이 잘리는 느낌. 죽음에 대한 두려움으로 아픔도 느끼지 못할 것이다.	4연
관찰 결과	생물이 말을 한다면 무슨 말을 할까?	안 돼, 싫어! 나를 해부하지 마! 내가 무슨 잘못을 했지?	5연
결과 해석	나는 생물에게 무슨 말을 해 주어야 할까?	붕어야, 미안해…….	6연

감성 탈바꿈 시 쓰기

붕어 깔보지 마라

강지승

비늘에
한 쌍의 아가미
멋진 6개의 지느러미 가진
붕어! 깔보지 마라.

조그만 몸에도
측선, 부레. 유선형 몸
있을 건 다 있다네.
조그만 몸에도
생명이 있다네.
붕어! 깔보지 마라.

시를 씀으로써 지승이는 "깔보지 마라."라는 직설적인 말로 생물 존중의 마음을 표현할 수 있게 되었네요.

미안해, 붕어야

이선영

나는 과학 시간에 붕어 해부를 하는 것이 신났네.ㅋ
확실하게 이해하고 살아 있는 생생한 체험을 할 수 있으니까.
하지만 수업을 하며 나는 내 생각이 옳지 않음을 알게 되었네.
선생님은 해부를 하며
순간순간 한 행씩 자신의 생각을 시로 쓰라고 하셨네.

시를 쓰면서 하찮게 보이는 작은 붕어를 보았네.
아, 하찮게 보이는 작은 붕어라는 동물의 배를 잘라
그 속을 들여다보았네.

빨간 아가미 아래에서 빨갛게 뛰고 있는 심장
식도에 연결된 은백색의 부레
적갈색의 간 아래 조그만 쓸개
부레와 소화관 사이에 한 쌍의 정소나 난소
부레 위쪽에 한 쌍의 신장
옆줄의 비늘 구멍에 연결된 신경들

이 작은 몸 속에 이렇게 기관 기관들이 모여서
소화계, 순환계, 호흡계, 배설계, 생식계, 신경계를
체계적으로 이루고 있다니!

놀란 가슴을 쓸어내렸네.

미안해 붕어야.
살아 있는 너의 살을 가위로 자를 때
얼마나 아팠니?

우아한 붕어

정수현

붕어 해부 시간
선생님께서 해부하기 싫은 학생은
살아 있는 붕어의 자태를
보고 배우라 하셨네.

붕어의 삶을 생각하며
본 내용을 한 행씩
시로 쓰라 하셨네.

물 속에서 입을 뻐끔대는 붕어
입을 열면 아가미 뚜껑이 닫히고
입을 닫으면 아가미 뚜껑이 열리는구나.
이건 물 속에 녹은 산소로 숨을 쉬는 것
만약 물 속에 녹은 산소가 없어진다면
입을 열심히 뻐끔거려도
아가미의 빗살로 들어오는 산소가 없다면
그건 누군가 내 코를 잡고 놓아주지 않는 느낌이겠지.

등뼈 곧은 척추동물 붕어
일곱 장의 지느러미를 우아하게 흔들며
물 속을 헤엄치네.
미끈미끈 꼼꼼하게 지은 비늘 옷을 입고.

어때요? 놀랍지 않나요? 선영이와 수현이는 붕어에게 미안한 마음을 표현함으로써 불안감과 죄책감에서 벗어날 수 있고, 이제는 붕어를 정말 사랑하게 되었을 것 같네요.

다현이 모둠이 쓴 모둠 시도 함께 감상해 봅시다.

붕어의 생각

윤다현, 이수현, 최민지, 홍예은

친구들과 놀러가고 싶었을 텐데.
집에서 푹 쉬고 싶었을 텐데.
실험실로 잡혀 온 붕어
학원 가는 것처럼 억지로

몸을 해부하는 것은 억울했을 것이다.
무엇을 잘못했을까?
그래도 아이들에게는 도움이 되겠지?
아이들아, 부디 나의 죽음을
헛되지 않게 해 주길…….

3. 노래로 바꾸기, 노래 불러 녹음하기

이렇게 탐구보고서를 시로 쓴 다음 이것을 많은 사람들에게 좀 더 효과적으로 알릴 수 있는 방법을 생각해 볼까요? 시를 노래로 만들어 보면 어떨까요? 그래요! 창작한 시를 가사로 하는 노래를 작곡해 보면 어떨까요? 모둠원 중 피아노, 바이올린이나 기타를 잘 연주하는 친구가 작곡을 맡아 주면 좋겠네요. 그런 친구가 없으면 우리가 잘 알고 있는 노래의 가락과 리듬으로 우리가 쓴 시의 글자 수를 맞추어서 노래 가사로 바꾸어 봅시다. 그런 후에 모둠원끼리 악기를 연주하여 반주를 넣거나 아카펠라로 바꾸어서 노래를 부르고 녹음을 합니다. 요즘에는 mp3나 스마트폰에 녹음 기능이 잘 되어 있어서 편리하게 저장하고, 출력도 할 수 있죠?

노래로 바꾸기 활동 방법

노래 가사 바꾸기

1. 창작시를 가사로 하는 노래를 작곡하기
2. 알고 있는 노래의 리듬으로 창작 시의 글자 수를 바꾸기

노래 불러서 녹음하기

1. 악기를 연주하여 반주를 넣고 함께 노래를 불러서 녹음하기
2. 아카펠라로 편곡하여 노래 부르고 녹음하기

시 쓰기 – 노래로 바꾸기

노래로 바꾸기

생물 사랑 노래

우월송 (아카펠라 편곡)

내가 우월해요(붕어)
내가 우월하죠(개굴)
아니야 나라구(흰쥐 우월할까?)
누가 물에 오래(붕어) 호흡 기관 둘이냐
(개굴)
새끼 낳냐, 낳냐(흰쥐, 의리 하자)
사이언스 걸은(해부!) 먼저는 붕어(해부)
아가미와 심장(옆줄 따라 신경)
척추 아래 부레(부레)
위와 소장 대장(신기!)
개구리는 폐가 둘(선홍색)
십이지장 밑 대장 그 밑은 방광 있어
흰쥐에도 폐와 간 쓸개 이자 다 있어요.
복잡한 내부구조 놀라운 속 관찰하면
동물들은 모두가 우월하지요.
문제~해결!

간주
(동물들 문제 해결했어요. 모두 일어나요. 아니 뭐야, 우리가 해부해서 죽어버렸잖아!!!)

자막이 흐름(엄숙한 음악)
그들은 해부되어 이미 죽어 있다.
그들은 자신들이 모두 우월한 생물임을 증명하기 위해 자신의 몸을 희생한 것이다.
아름다운 너희의 희생정신에 고개 숙인다.
우리는 너희가 아름답고 우월한 동물들임을
세상 사람들에게 널리 알려 주겠노라.
우리들 사람들만의 세상이 아닌
너희와 함께 더불어서 다 함께 사는
아름다운 세상을 위하여 우리가 앞장서서 노력할게.
우리들만 생각해서 정말 미안해, 사랑하는 동물들아.

4. 생물 사랑 노래 만들기

여러분 UCC 아시죠? UCC는 'User Created Contents'의 약자로 사용자가 직접 제작한 텍스트, 오디오, 이미지, 동영상 등의 콘텐츠를 말하죠. 디지털 카메라, 캠코더, 스마트폰 등 디지털 기기의 발달에 따라 인터넷 사용에 익숙한 우리 창조 세대들이 아주 다양한 콘텐츠를 만들어 내고 있는데요. 여러분도 지금까지 활동한 것을 활용하여 생물 사랑 노래를 널리 알릴 수 있는, 여러분의 개성이 톡톡 튀는 UCC를 만들어 봅시다.

여러분의 탐구 내용을 재미있고 창의적인 이야기로 꾸며 보세요. 그리고 그 시나리오에 근거하여 스크린(찍히는 영상), 카메라 액션(촬영기법), 사운드 다이얼로그(소리), 타임(한 스크린이 사용되는 시간) 등을 넣어서 스토리보드를 짜고, 각 장면을 그림으로 표현한 콘티를 작성해 보세요. 화면을 구성하기 위한 스토리보드를 작성한 후 사진을 촬영하거나 모둠원이 직접 연기해서 참여한 동영상을 촬영하여 창의적인 UCC를 제작하기 위해 만반의 준비를 해야 합니다. 준비가 끝나면 촬영한 사진과 동영상을 Windows movie maker에서 편집하고 녹음한 노래와 가사를 삽입하여 UCC를 만듭니다. 생물 사랑 UCC가 완성되면 친구들 앞에서 시연해 봅시다. 함께 감상하고 서로 평가해 주면서 수정하면 좋은 작품이 탄생하겠죠? 선생님은 여러분의 무궁한 아이디어로 만들어질 UCC가 정말 기대됩니다.

시나리오 작성하기

시나리오: 우월한 동물들

등장: 개구리, 흰쥐, 붕어
장소: 해부실

세 동물이 등장한다. 붕어, 개구리, 흰쥐는 서로 자신이 더 고귀한 생물이라고 우긴다.

붕어 너희 중에 나만큼 물에 오래 있을 수 있는 동물이 있어? 그러니 내가 우월해.
개구리 너희 중에 나처럼 어릴 때는 아가미로 호흡하고 크면 폐로 호흡할 수 있는 동물이 있어? 없지? 그러니까 내가 우월해.
흰쥐 너희 중에 나처럼 예쁜 새끼를 낳을 수 있는 동물이 있어? 그러니 내가 가장 우월하지!!!

싸움이 도무지 끝나지 않자, 세 동물은 진주여자중학교 과학 동아리 'Science Girl'에게 싸움을 결판 내 달라고 의뢰하기로 한다. Science Girl 팀은 동물의 겉모습만으로는 판정할 수 없다는 것을 깨닫고 세 동물을 해부해 보기로 하였다.

먼저 붕어 해부(앞부분은 동영상으로, 여기서부터 노래 시작)

붕어 내부구조의 특징(붕어 해부는 실물 해부로)

다음은 개구리 해부(개구리 해부는 수예 작품으로)

개구리 내부구조의 특징(그림으로 설명)

다음은 흰쥐 해부(흰쥐 해부는 수예 작품으로)

흰쥐 내부구조의 특징(그림으로 설명)

Science Girl 팀은 세 동물이 모두 우월하게 놀라운 내부구조로 이루어져 있음을 알게 되었다. 그래서 "너희들은 모두 우월한 생물들이야!" 하고 말해 주려고 하였다. 그런데 이런! 그들은 해부되어 이미 죽어 있다. 그들은 자신들이 모두 우월한 생물임을 증명하기 위해 자신의 몸을 희생한 것이다.

아름다운 너희의 희생정신에 고개 숙인다. 우리는 너희가 아름답고 우월한 동물들임을 세상 사람들에게 널리 알려 주겠노라. 우리들 사람들만의 세상이 아닌 너희와 함께 더불어서 다 함께 사는 아름다운 세상을 위하여 우리가 앞장서서 노력할게……. 우리들만 생각해서 미안해. 사랑하는 동물들아…….

너무나 쉬운 UCC 만들기

UCC 만들기는 정말 쉬워요. 우리 함께 UCC 만드는 법을 익혀 볼까요?

시작, 프로그램 목록에서 Windows Movie Maker를 실행해요

바탕화면의 시작 버튼을 누르고 프로그램 목록에서 Windows Movie Maker를 찾아 클릭해요.

음악을 넣어 볼까요?

'비디오캡처'에서 '오디오 또는 음악 가져오기'를 클릭해 보세요. 음악 파일에서 음악을 골라 불러오면 창이 뜨죠? 그럼 음악을 아래의 스토리보드의 음악 칸에 끌어서 내리면 영상의 원하는 곳에서 음악이 흘러나오게 됩니다.

음악의 재생 시간을 더 늘리고 싶다면 스토리보드에서 음악의 끝부분에 마우스를 갖다 대면 빨간 화살표가 뜰 거예요. 그러면 마우스로 원하는 시간만큼 조절하면 됩니다.

이번에는 사진 또는 동영상을 가져와 볼까요?

조금 전처럼 '비디오캡처'에서 '사진 가져오기' 혹은 '영상 가져오기'를 클릭해 보세요. 사진을 드래그하여 '가져오기'를 클릭하면 사진이 들어옵니다. 그리고 사진을 원하는 순서대로 스토리보드에 끌어다 놓으면 됩니다.

사진의 재생 시간을 더 늘리고 싶다면 음악에서처럼 마우스를 사진 끝에 두어 빨간 화살표가 생기면 원하는 시간만큼 늘입니다. 사진이 그 시간 동안 재생됩니다.

이제 동영상을 멋지게 편집해 볼까요?

'동영상 편집'에서 '비디오 효과 보기'를 클릭해 보세요. 이곳은 영상에 효과를 넣을 수 있는 곳입니다. 여러 가지 효과가 보이죠? 이제 '비디오 전환'을 클릭해 보세요. 원하는 효과를 선택하고 드래그하여 원하는 것에 끌어 오기만 하면 됩니다. '제목 또는 제작진 만들기'는 자신이 만든 UCC에 제목과 제작자를 기록하는 곳입니다.

동영상 완성 후 '내 컴퓨터에 저장'하면 끝! 너무 쉽죠?

동영상 만들기에 대해 더 자세히 알고 싶으면 하단의 '동영상 만들기 팁'을 클릭하여 읽어 보기 바랍니다.

친구들의 작품을 많이 볼 수 있는 곳
http://cafe.naver.com/sciencegirl

UCC 제작 및 시연

우리들의 소감 한마디

사진 속 친구들

2010 진주여자중학교 과학 동아리 Science Girl

경상대학교 부설 영재교육원 초등과학반 어린이들

한 번 더 짚어 보는 교과 관련 개념

속씨식물 씨방을 가진 종자식물.

겉씨식물 씨방이 없는 종자식물.

씨방 꽃에서 암술대 밑에 있는 주머니 모양의 부분, 그 속에 밑씨가 들어 있음.

밑씨 수정 후에 씨가 되는 부분.

쌍떡잎식물 종자가 발아하여 떡잎이 두 장 나오는 속씨식물, 그물맥잎, 곧은뿌리를 가지며, 관다발에 형성층을 가짐.

외떡잎식물 종자가 발아하여 떡잎이 한 장 나오는 속씨식물, 나한히맥 잎, 수염뿌리를 가지는 초본류의 식물, 벼, 보리, 옥수수, 대나무 등.

두상화 꽃대 끝에 많은 꽃이 뭉쳐 붙어서 머리 모양을 이룬 꽃. 국화, 민들레, 해바라기 등.

풍매화 바람에 의해 수분(화분이 암술머리에 옮겨지는 것)이 일어나는 꽃.

충매화 곤충에 의해 수분이 일어나는 꽃.

관다발 양치식물과 종자식물에 있는 조직계. 뿌리, 줄기, 잎 속에 있으며 양분의 통로인 체관과 물의 통로인 물관으로 이루어져 있음.

체관 식물의 관다발 안에 있는 관상 조직. 잎에서 만들어진 양분의 통로.

쉬는 시간

선생님이 들려주는 식물 이야기

역사 속의 상수리나무

본래는 이름이 '상수라'였다고 합니다. 임진왜란 때 산 속으로 비참하게 쫓기는 신세가 된 임금님은 어느 산골 노인이 바친 도토리묵을 먹고 너무나 맛이 있어 무엇으로 만들었는지 물었어요. 노인은 아직 이름이 없는 나무라고 말하였는데 임금님은 임금님이 먹은 수라라 하여 '상수라'라 이름 하라고 명하였대요. 그 뒤 궁으로 돌아온 임금님의 수라상에 그 도토리묵을 다시 올렸는데 그것을 먹은 임금님은 입에서 뱉어내며 쓰고 맛 없다고 화를 냈대요. 그러자 신하가 과거의 일을 상기시켜 주었는데 임금님은 '상수라'라는 이름이 아깝다며 '라'에서 점을 떼어내고 '상수리'라 하라고 다시 명을 내렸다고 해요. 참 간사한 것이 인간의 마음이죠?

다음은 참나무 잎들이에요. 낙엽을 주워서 잎의 주인을 찾아봅시다. 떡갈나무 잎과 신갈나무 잎이 너무 비슷하다고요? 떡갈나무 잎의 뒷면에는 신갈나무와는 달리 솜털이 있어요. 그래서 우리 조상들은 떡갈나무 잎으로 떡을 쌌다고 해요. 솜털이 있어 떡의 수분이 잘 마르지 않겠지요? 그래서 이름이 떡을 깔았다고 떡갈나무가 되었고. 그럼 신갈나무 잎은 어디에 깔았을까요? 그렇죠. 짚신 밑에 깔았대요.

떡갈나무 잎으로 모자를 만들어 보았어요. 딸이 엄마인 선생님을 닮아 예쁘기도 하지만(^^) 세상에서 하나뿐인 모자를 쓴 아이가 정말 행복해 보이지요? 여러분도 숲에 가면 꼭 한번 만들어 써 보세요. 모두들 부러워서 쳐다볼 거예요. (이러다 떡갈나무 잎 다 없어질라.)

벚나무와 개미의 사랑

우리 주변에서 흔히 볼 수 있는 벚나무입니다. 봄에는 화사한 꽃을 나무 가득 피우고 여름에는 싱그러운 푸른 잎을, 가을에는 단풍 든 아름다운 잎을 보여 주는 벚나무를 자세히 관찰해 봅시다.

벚나무는 꽃을 피우는 데 너무 많은 에너지를 쓴 나머지 몸에 상처가 나도 잘 아물지 않아 진물이 줄줄 흐른다고 합니다. 그래서 늘 많은 벌레들이 몸에 들끓어 이 때문에 큰 고통을 당합니다. 그런데 개미가 그 벌레들을 쫓아 주니 벚나무에게는 매우 고마운 노릇이지요. 그런 개미가 고마운 벚나무는 꽃이 아닌 곳에 꿀샘을 만들어 보답하고 있다고 합니다. 바로 잎의 아래쪽에 노란 꿀샘이 보이지요? 이러한 꿀샘을 '꽃밖꿀샘'이라고 합니다.

나무 이름 불러 주기

서어나무야, 안녕? 여러분은 나무줄기를 무슨 색으로 그리나요? 나무의 줄기는 검을 수도 있고 흴 수도 있어요. 서어나무의 희고 미끈한 줄기를 보세요. 더구나 서어나무는 숲의 성장과 천이 과정의 가장 마지막에 숲을 차지하는 극상림이에요.

노각나무야, 안녕? 줄기의 끝부분이 사슴의 뿔을 닮았다고 해서 노각나무라고 합니다. 표피가 벗겨지고 있는 것이 보이지요?

은사시나무야, 안녕? 은사시나무는 줄기에 다이아몬드를 달고 있어서 금방 알아볼 수 있지요. 멋쟁이지요? 은사시나무.

때죽나무야, 안녕? 미끈한 흑인 미인 같은 때죽나무의 줄기를 알아보고 이제부터는 잎이나 열매가 다 떨어진 겨울 숲 속에서 때죽나무야! 하고 불러 줘 보세요. 어쩌면 반가워서 때죽나무가 와락 안길지도 모릅니다.

풀꽃 이름 불러 주기

염주괴불주머니야, 안녕? 흔히 똥풀이라고 불리지요. 사람들이 똥이라고 부르는 그도 자세히 보면 나름대로 이렇게 노란 꽃을 피우고 봄 내내 얼마나 어여쁜 사랑을 하였을지 눈물겹게 생각해 봅니다. 조랑조랑 염주알처럼 달린 사랑의 결실을 보세요.

엉겅퀴야, 안녕? 엉겅퀴라는 꽃을 아시나요? 우리 들이나 숲에서 흔히 볼 수 있는 엉겅퀴가 어떻게 절제하며 살아가는지를 이야기하겠습니다. 사진에서 보는 것처럼 엉겅퀴는 꽃가루를 밖으로 내지 않고 꽃 속에 품고 있습니다. 그러다가 나비나 벌 같은 곤충이 다리로 꽃을 건드리면 꽃가루를 내뿜습니다. 여러분도 엉겅퀴를 만나면 가느다란 붓 끝으로 꽃을 건드려 보세요. 엉겅퀴가 여러분의 손길에 반응하여 꽃가루를 쑥 내밀어 주는 것을 보는 것은 신기하고 가슴 뛰는 경험일 거예요!

인동아, 안녕? 흔히 인동초라고 하는데 '인동'이 맞습니다. 꽃의 꿀을 맛보려면 확실하게 맛볼 수 있는 꽃, 암술을 살짝 뽑아내고 꽃 아래 부분에 혀를 대보세요. 음~ 꿀맛. 그리고 . 암술을 귀 구멍 속으로 살짝 밀어 넣어 인동 귀걸이를 만들어 보세요. 세상에서 제일 예쁜 귀걸이가 되겠지요?

밤 하늘 별을 보고 무수한 이야기와 별자리 이름을 지었던 사람들처럼 숲 속의 작은 숨소리를 가만히 듣다 보면 저절로 이야기를 지어낼 것만 같죠?

털이 복실복실한 띠의 꼬리가 무덤 위에 숭숭 솟아 있는 모습! 등줄기 오싹한 〈전설의 고향〉 하나 지을 것 같지 않나요?. 선생님 어릴 때는 해 저물도록 들판에서 띠를 만지고 띠를 입 속에 질경대었었죠. 이 숲에 왔을 때, 그때도 띠는 무성할 터인데 여러분은 띠의 맛을 느끼는 그 즐거움을 알지 못하겠죠? 우리 어른들만 누리고 여러분에게 그런 어여쁜 추억 하나 물려주지 못해서 정말 미안해요.

2교시

공룡 애니메이션을 제작하라!

여러분!
어서 와요!
다 왔어요~
♪ 요리 보고 저리 봐도 알 수 없는
둘리, 둘리~
빙하 타고 내려와 친구를 만났지만
1억 년 전 옛날이 너무나 그리워
보고픈 엄마 찾아 모두 함께 떠나자 ♬

여기가 어디냐고요? 여기는 경상남도 마산시 합포구 진동면 고현리 349번지, 고현리 능지물 바닷가. 위도는 35°5″ 경도는 128°29″ 고도는 35m. 하하, 답답해 죽겠다는 얼굴! 여기는 중생대 백악기 중기 때 공룡 발자국 화석 산지예요. 1990년12월 20일 경상남도 기념물 제105호로 지정된 곳이죠. 약 540m^{2}의 바닷가에 400여 개의 공룡 발자국 화석을 관찰할 수 있는 곳이에요. 고성 상족암 알죠? 공룡 엑스포가 열렸던 곳이죠. 그 고성과 같은 지층 대에 속하는 곳이에요. 여기는 두 발로 걷는 초식성 공룡 20마리가 지나간 흔적을 탐구할 수 있는 곳이에요. 보세요! 이곳을 설명하는 팻말이 하나 있네요.

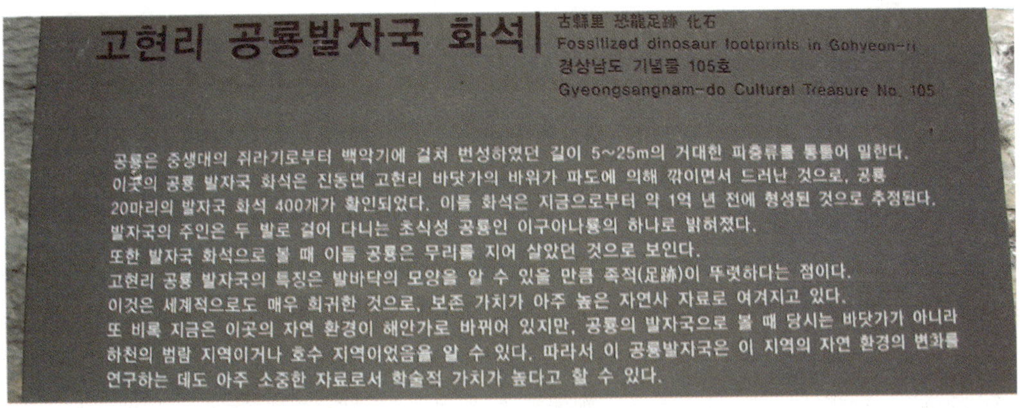

이곳은 공룡 발자국 화석과 새 발자국이 함께 발견되었던 진주시 진성면 가진리 화석 박물관에서 남동쪽으로 약 20km 떨어진 곳이고, 남서쪽으로는 공룡 엑스포가 열린 고성군 하이면 덕명리와 약 30km, 주요 공룡 화석 발굴지인 고성군 동해면과는 약 5km 떨어진, 해안선이 연결되는 곳이에요.

바닷가에 있는 조선소를 중심으로 서쪽으로 공룡 발자국 화석이 있네요.

여기서 관찰되는 공룡 발자국 화석은 이구아노돈이라는 조각류 공룡의 것입니다. 보행렬에서 보행렬 간의 간격과 발자국 깊이가 일정한 양식으로 고르게 나타나는 것으로 보아 이곳에서도 당시의 조각류 공룡들이 무리지어 함께 이동했음을 알 수 있죠.

우리 주변에 이런 보물섬 같은 곳이 있었다니 놀랐다고요? 관심을 가지고 찾아보면 우리 주변에는 정말 보물섬 같은 것이 곳곳에 숨어 있죠. 미국 스티븐 스필버그 감독의 영화 〈쥬라기 공원〉 아시죠? 영화에 표현된 공룡의 발과 피부 모습을 정리해 보면 다음과 같아요.

영화 속 모습	표현 내용
	초식성인 용각류는 네 발로 걷고 발바닥은 코끼리나 말의 발처럼 발바닥이 딱딱한 굽으로 표현되어 있네요.
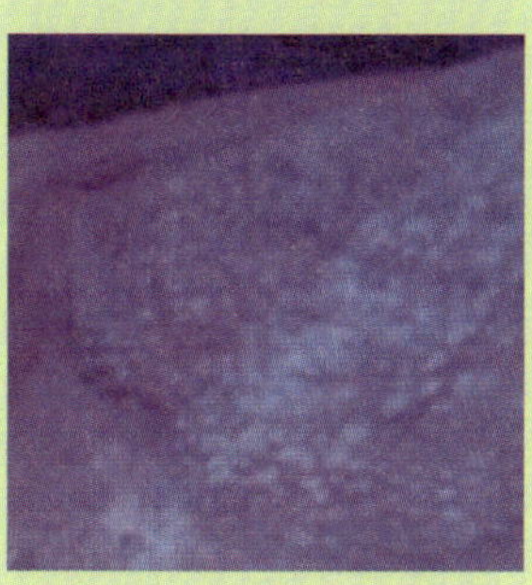	초식성 뿔공룡의 피부는 딱딱한 갑옷같은 껍질로 덮혀 있는 것으로 표현되어 있어요. 이것은 가진리 박물관에서 본 공룡의 피부 화석 모습과 유사하네요. 
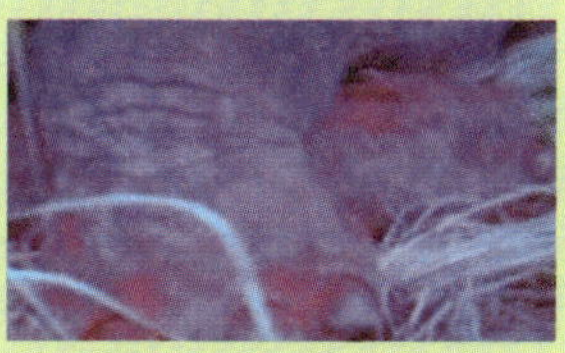	초식성 뿔공룡의 발은 코끼리의 발과 같이 둥글고 넓적하며 3개의 작고 둥근 발톱이 있는 것으로 표현되어 있고 발등은 거친 주름으로 표현되어 있네요.
	 알을 깨고 나온 공룡새끼가 스스로 두 발로 걸어간 발자국 모양을 표현하였네요. 이때 발자국에 찍힌 발가락은 양옆으로 2개인 새끼 공룡으로 표현되어 있죠.

현존하지 않는 생물인 공룡의 모습이나 생활 모습을 어떻게 이렇게 영화에 표현할 수 있었을까요? 감독의 단순한 상상에 의한 표현일까요?

그렇지 않습니다. 영화에 등장하는 여러 공룡의 모습이나 행동이나 생태는 생물체를 탐구하는 과학자들과 수많은 공룡 과학자들의 발굴 작업을 통한 해석과 그것을 토대로 각 분야(디자인, 색채미술, 공예 등) 예술가들의 창의적인 노력을 융합하여 표현한 것입니다.

그러니까 영화 감독은 영화를 위한 연기뿐 아니라 영화의 배경 음향과 생물학적 지식, 지구과학적인 지식과 예술적인 표현 등 다양한 분야의 식견을 갖추고 있어야 하는 것이지요. 다양한 분야에 대한 지식의 융합이 창의적인 산출물을 이끌어 내는 중요한 원동력이라고 생각할 수 있습니다.

우리의 과학 시간도 그러한 융합적인 과학 시간을 만들어 보려고 합니다. 여러분이 고생물학자가 되어서 공룡을 되살려 보는 거예요. 바로 공룡 애니메이션을 통해서요. 그런데 공룡 애니메이션을 만들려면 수학, 과학, 기술, 공학, 그리고 예술을 융합한 지식과 활동이 필요하답니다. 자, 이제 그 장대한 프로젝트 속으로 함께 들어가 볼까요?

1. 고생물학자 따라잡기

활동 1. 박물관 속 보물 찾기

박물관에서 문제를 해결해 봅시다.

조각류 공룡의 특징 알아보기

★ 줄자를 이용하여 조각류 공룡의 머리 길이, 목 길이, 몸 길이, 꼬리 길이, 다리 길이, 발 길이, 몸 높이 등을 정확히 측정해 봅시다.

★ 조각류 공룡의 몸의 각 부분을 이루는 뼈의 수를 세고 정확하게 그려 봅시다.

★ 조각류 공룡의 발자국의 특징은 무엇인지 알아봅시다.

★ 조각류 공룡의 발의 특징은 무엇인지 알아봅시다.

일단 인근의 박물관에 먼저 들러 공룡에 대한 정보를 수집해 봅니다.

조각류 공룡의 머리뼈를 정교하게 그려 봅시다. 골격을 이루는 뼈의 개수를 정확히 세고 박물관에서 제공되는 조각류 공룡의 발자국의 특징과 발의 특징을 찾아서 써 봅시다. 이러한 과정이 공룡을 이해하는 데 도움이 될 것입니다.

그림을 그리는 학생의 태도는 학생의 성격에 따라 차이를 보입니다. 어떤 학생은 아주 꼼꼼하고 치밀하게 그림을 그리고 어떤 학생은 특징만 살려 그리죠. 그런데 나중에 조각류 발의 특징과 발자국의 특징을 잘 기록한 학생은 그림을 꼼꼼하고 치밀하게 그리는 학생이랍니다.

학생 활동 결과

박물관 조각류 공룡의 얼굴 스케치

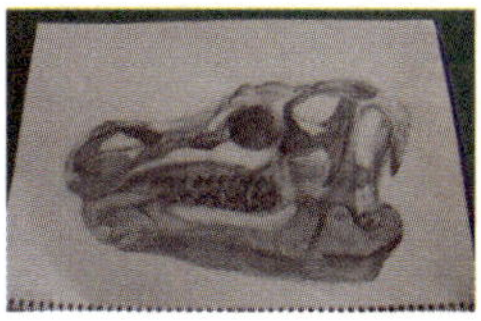

얼굴이 길다. 이빨이 날카롭지 않다. 한쪽의 이빨은 상하 24개, 양쪽 모두 합하면 상하 48개의 넓적한 이빨이 있다. 머리뼈에 3개의 구멍이 있다.

박물관 조각류 공룡의 수치

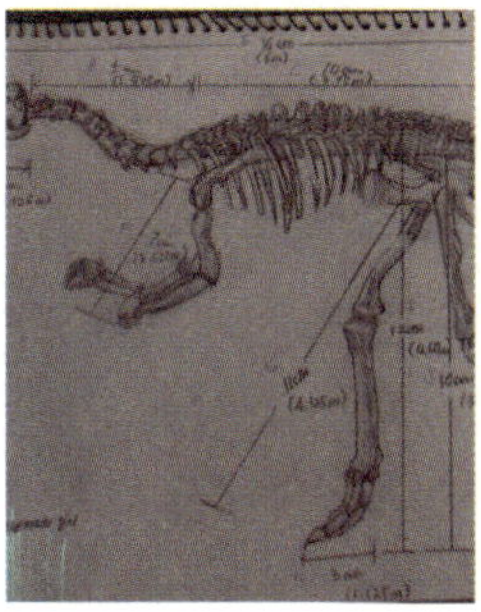

수치	골격을 이루는 뼈의 개수
머리 길이: 0.64m 목 길이: 1.28m 몸통 길이: 1.91m 꼬리 길이: 2.17m 몸 길이: 6m 앞다리 길이: 1.97m 뒷다리 길이: 3.06m 발 길이: 0.51m 몸 높이:3.32m 골반 높이:3.06m	머리: 2개 목: 11개 몸: 16개 팔: 양쪽 38개 다리: 양쪽 34개 꼬리: 33개 발: 4개×3

박물관에서 찾은 조각류 공룡의 발에 대한 정보

발바닥을 두껍게 하고 발톱이 바닥에 닿지 않게 표현되어 있다.

발바닥은 납작하게 표현되어 있는데 연구 지역의 화석 산지에서는 발자국 화석의 바닥이 납작하게 찍혀 있지 않았다. 3D 표현이 잘못 표현되어 있다고 보고 발자국 화석을 이용하여 공룡의 발바닥을 옳게 표현하려고 노력해 보았다.

조각류 공룡은 두 발 혹은 네 발로 걸을 수 있었다. 꼬리는 길었고 앞발은 뒷발보다 짧았다. 꼬리는 길고 몸의 균형을 맞추기 위해 꼬리를 들고 걸었다 또한 발의 뒤꿈치를 들고 걸었다.

조각류 공룡 발자국의 특징은 두 발로 걸었으며 발가락은 3개이고 발뒤꿈치가 찍히지 않았다.

활동 2. 화석 산지 탐사하기

공룡 발자국 화석은 어떻게 생겼을까요? 이를 알기 위해 화석 산지를 탐사하면서 다음 과제를 해결해 보아요.

화석과 암석

★ 공룡 발자국 화석이 있는 암석의 종류는 무엇인지 알아봅시다.

★ 주위의 암석에 물결무늬 같은 연흔이 있는지, 파장이 얼마나 되는 물결무늬인지 알아봅시다.

★ 암석에 건열이 나타나는 이것은 무엇을 의미하는지 알아봅시다.

드디어 고현리 화산 산지를 탐사할 시간입니다.

지층이 겉으로 드러난 노두가 잘 나타나는 계곡을 따라서 조심스럽게 이동하세요. 조선소 서편 해안에서 공룡 발자국 화석을 만났나요? 화석 산지의 전체 모습을 그림으로 그리고, 화석이 있는 암석이 어떤 종류인지 생각해 봅시다.

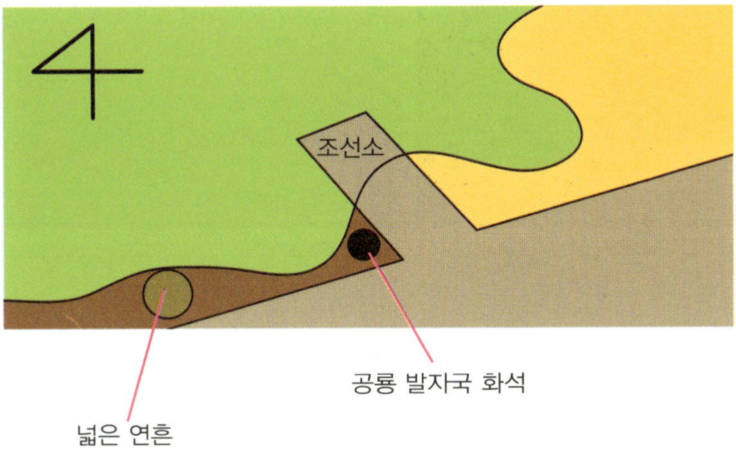

화석이 발견되는 암석은 진흙이 굳어서 된 세일이나 실트입니다. 자, 주변에 물결무늬 같은 연흔과 바위가 갈라진 것 같은 건열이 있는지 찾아볼까요?

화석이 있는 암석 주위에는 많은 층에서 연흔이 발견되네요. 건열도 거의 모든 층에서 나타납니다. 연흔은 진동연흔, 유동연흔, 간섭연흔 등의 다양한 연흔들이 나타나며 파장은 1~8cm죠. 주로 세일의 아래층에는 연흔이 위층에는 건열이 아주 많이 나타납니다. 사진을 찍어 볼까요? 사진을 찍을 때는 크기를 알 수 있는 물건을 곁에 두고 함께 찍습니다. 그래야 사진상으로도 크기를 예측할 수 있겠지요? 연흔이 나타난 지층의 위층 쪽으로 건열이 나타나는 것을 볼 수 있군요. 보세요!

여러 종류의 연흔

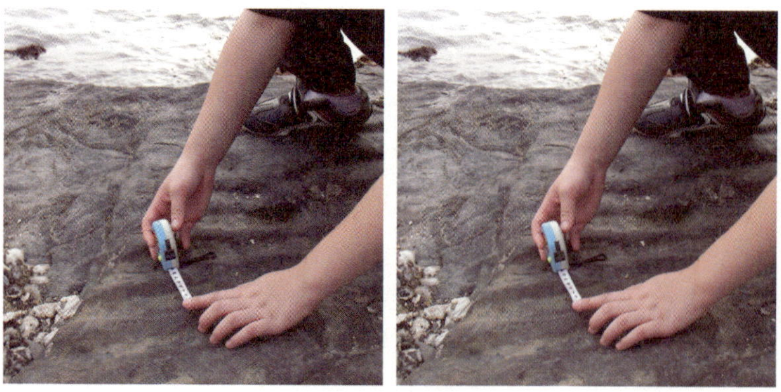

연흔의 파장 측정

건열

연흔이 발견된 지층의 위쪽 지층에서 건열이 발견된다.

이와 같은 연흔과 건열이 화석 근처 지층에서 나타나는 것은 무엇을 의미할까요? 연흔은 이곳이 잔잔한 물결이 있던 호수나 바닷가였음을 뜻합니다. 그럼 건열은? 오랜 가뭄이 있었음을 생각할 수 있겠지요?

그럼 연흔이 나타나고 그 위의 지층에 건열이 나타나는 것으로 무엇을 알 수 있을 까요?

선생님과 미경이의 대화

선생님 미경아, 여기를 봐. 여기서 연흔과 건열이 나타난 지층 중 어느 것이 오래된 지층이라고 생각해??

미경 연흔이 나타난 지층이요.

선생님 그럼 연흔 지층의 위의 지층에 건열이 있다는 것은 과거의 기후가 어떻게 변했음을 알 수 있니?

미경 음, 비가 많이 와서 물이 많은 고였었는데 그 후에 가뭄이 계속되어 바짝 말랐다?

선생님 그렇지! 잘 말했어. 자, 그럼 저기 저 세일 암석이 진흙벌이었던 과거에 공룡이 걸어가고 있는 모습을 상상해 봐. 어떻게 해서 저런 발자국 화석이 되었을까?

미경 음…… 비가 많이 와서 진흙벌이 된다……. 진흙벌 위로 공룡이 걸어간다. 진흙 위에 발자국이 찍힌다. 그 후 오랜 가뭄이 계속된다……. 발자국이 그대로 마른다. 진흙이 굳는다. …… 공룡 발자국은 암석에 화석으로 남는다……. 바다로 침강하고, 그 위에 지층이 쌓이고, 다시 오랜 세월이 흐른 후 육지로 솟는다. 바닷물이 위의 지층을 오랜 세월 침식한다……. 공룡 화석이 있는 지층이 드러난다.

선생님 미경이의 논리적인 추리는 정말 대단하구나!

자, 이제 본격적으로 공룡 발자국 화석을 관찰해 볼까요?

활동 3. 공룡 보행렬 측정하기

어떤 공룡이 몇 마리나, 어떻게 걸어갔을까요? 궁금하지 않나요? 공룡들이 어떻게 움직였을지 남은 흔적을 가지고 측정해 봐요.

공룡의 걸음걸이

★ 두 발로 걸었을지, 네 발로 걸었을지 알아봅시다.

★ 보행렬 흐름도를 그려 봅시다.

공룡 발자국 화석을 자세히 관찰하고 발자국 화석의 정보를 분석해야 합니다.

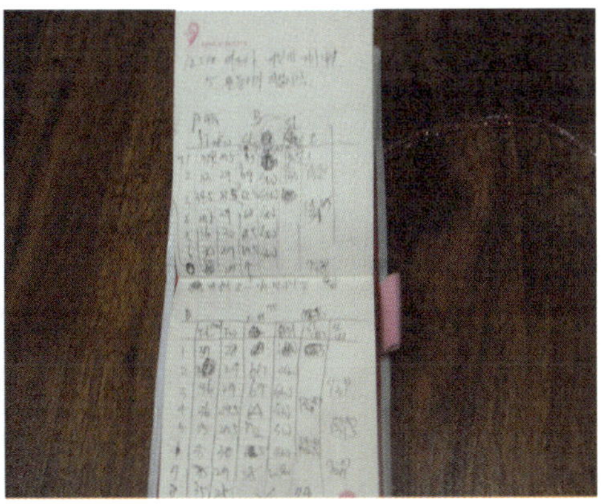

몇 마리가 걸어갔는지를 알려면 일단 보행렬을 결정해야 하겠죠? 보행렬을 알려면 공룡이 두 발로 걸었는지, 네 발로 걸었는지 알아야 합니다.

선생님과 희승이의 대화

선생님 희승아, 이 공룡은 두 발로 걸었을까, 네 발로 걸었을까?

희승 두 발이요.

선생님 어떻게 알았니?

희승 만약 네 발로 걸었다면 같은 발자국이 나란히 두 줄씩 있어야겠죠? 그런데 각 줄의 발자국 크기가 다르므로 발자국은 한 줄로 되어 있는 것이죠. 한 줄로 발자국이 나타나려면 필시 두 발로 걸었음이 분명해요!

선생님 그래, 맞아! 똑똑한 희승이~

그럼 보행렬을 정해 봅시다.

Ⓒ

Ⓑ Ⓐ Ⓓ Ⓔ

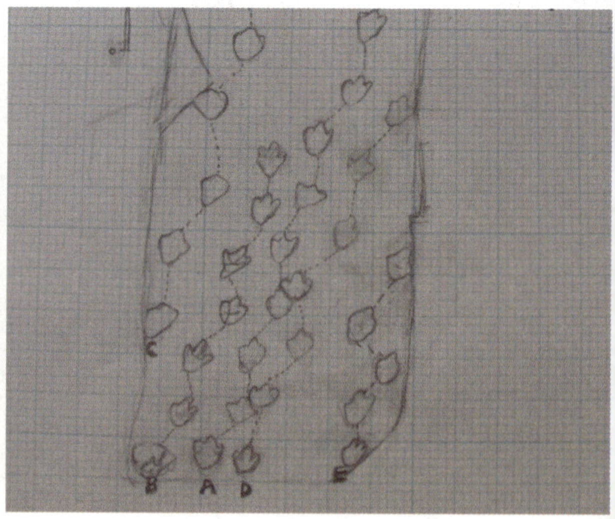

공룡 발자국 보행렬 흐름도

우선 다섯 보행렬이 뚜렷하니 다섯 마리 공룡을 중점적으로 관찰해 봅시다. 이 다섯 공룡은 모두 같은 종류일까요?

다른 지층에서 발견되는 공룡 발자국 화석

사실 A~E 다섯 마리의 조각류 발자국 외에도 다른 발자국이 발견되는데 이들은 다른 지층에 있으므로 다른 시간대에 걸어간 공룡들의 발자국이라고 생각할 수 있어요. 지층을 상하로 구분했을 때 이들은 A~E 공룡들의 후손에 해당하는 공룡들이라고 말할 수 있죠.

이들은 일단 두고 뚜렷한 보행렬이 나타나는 다섯 마리 공룡의 보행렬로 다음을 측정해 봅시다.

활동 4. 공룡 발자국 화석 측정하기

다섯 마리 공룡의 보행렬을 측정해 볼까요?

공룡의 보행렬 측정

공룡 발자국 화석의 FL(발의 길이), FW(발의 넓이), SL(보폭), PW(보행렬의 폭), SD(보행렬의 방향, PA(보폭 각) 등을 각각 측정해 봅시다.

FL(발의 길이), 방향 측정
발자국에서 중심이 되는 발가락을 축으로 하여 발자국 길이와 방향을 측정합니다.

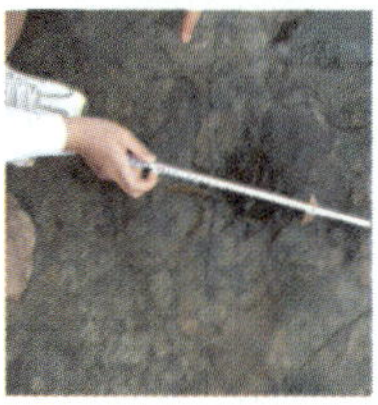

FW(발의 넓이) 측정
발자국 길이에 직각으로 측정되는 발자국 폭을 측정합니다.

SL(보폭) 측정
같은 발에 의하여 연속으로 만들어지는 지점 간의 걸음걸이 길이를 측정하세요.

PW(보행렬의 폭) 측정
한 보행렬이 차지하는 폭을 측정합니다.

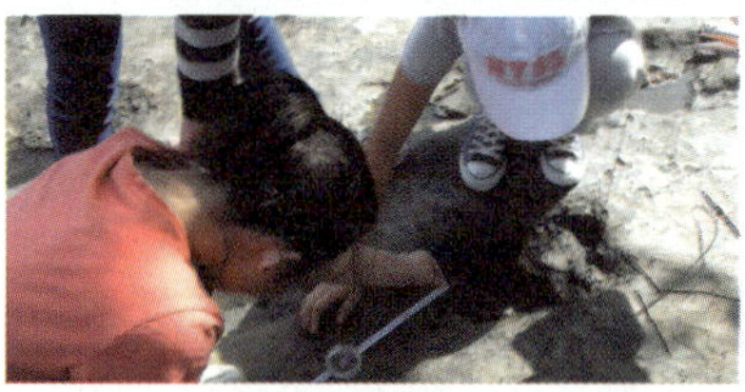

SD(보행렬의 방향)
각 발자국의 중심을 연결하여 보행렬의 방향을 측정합니다.

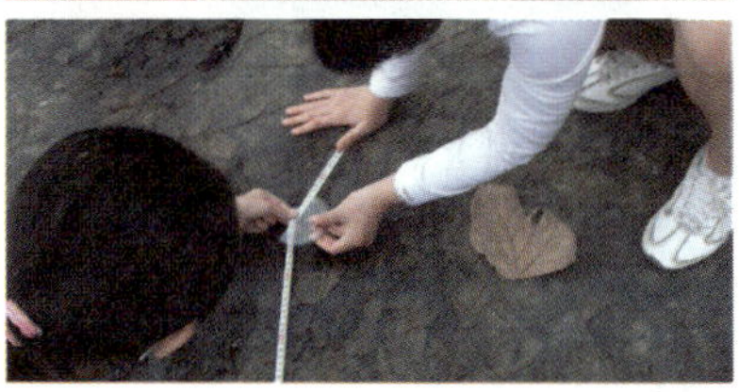

PA(보폭각)
3개의 발자국의 중심을 연결하여 그 각을 측정합니다.

PL(보폭)
왼발과 오른발 또는 오른발과 왼발이 연속적으로 내딛는 지점의 거리로 정의되는 보폭을 측정하세요.

2. 새로운 공룡 만들기

활동 5. 공룡은 얼마나 빠르게 걸어갔을까?

측정을 마쳤으면 이제 교실로 돌아가서 탐구해 보도록 할까요? 화석 산지에서 측정해 온 데이터를 바탕으로 다음을 구해 봅시다.

공룡의 다리 길이와 이동 속력

★ 각 보행렬의 공룡의 골반 높이를 알아봅시다.

★ 각 보행렬의 공룡은 얼마의 속력으로 걸어갔을지 계산해 봅시다.

이 조각류 공룡은 과연 '얼마나 빠르게 걸어갔을까?' 어떻게 발자국 화석만으로 공룡의 이동 속력을 알 수 있을까요?

사진 속 친구들은 동물들의 발길이와 골반 높이의 관계를 알아본다며 동물원을 찾아갔어요.

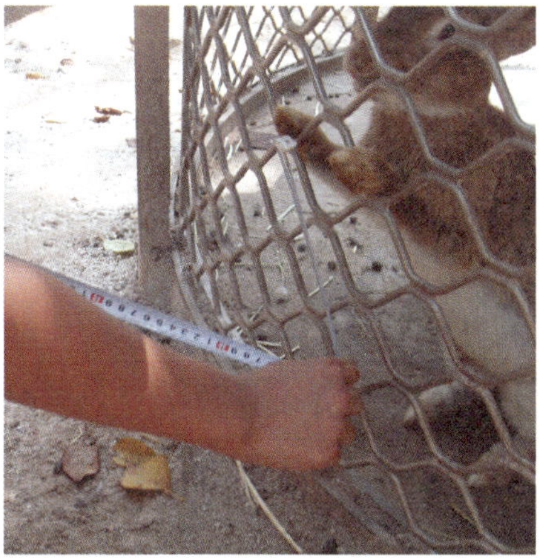

그리고 직접 이동하며 속력을 측정하면서 속력이 달라지는 변인을 찾았지요. 친구들은 시행착오를 거치고 토론을 거쳐 많은 비판을 받은 후에 결국 공룡 발자국 화석으로부터 실측한 SL(보폭)과 FL(발 길이) 값으로부터 골반까지의 높이 h를, 큰 조각류 공룡에 해당하는 공식을 이용하여 공룡의 빠르기를 계산했어요. 상대적 보폭

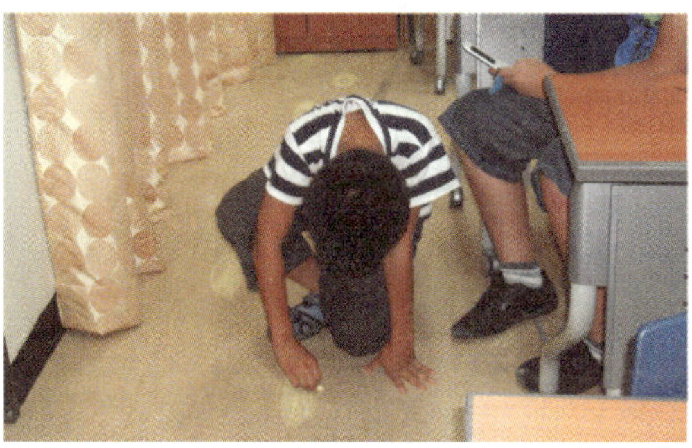

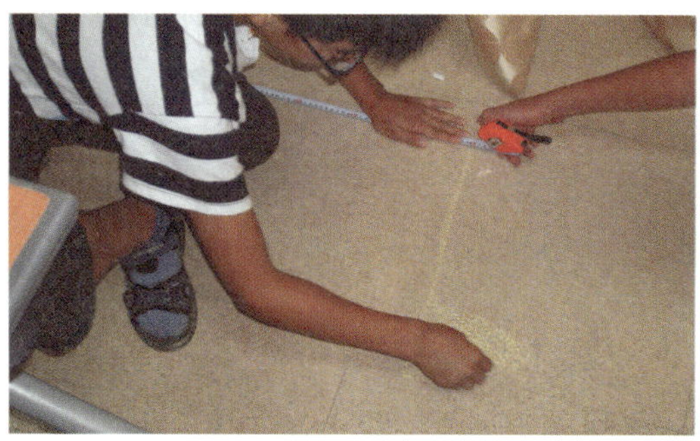

길이(SL/h)를 기준으로 보행 자세를 해석했고, 인터넷을 이용하여 다음과 같이 공룡의 이동 속력을 자동 계산했어요.

공룡의 속도 계산 예

보행렬 A 공룡의 속력

A 공룡은 FL이 평균 0.33m입니다. 그리고 CF는 온라인상으로 공룡의 속력을 측정할 때 공룡 골반 높이를 추정하기 위한 변환 인자(Conversion Factors)입니다. 공룡의 종류에 따라 발 길이(FL)와 골반 높이(h) 는 약간 다른 관계를 가지는데, 툴본(1990)은 공룡의 발 길이(FL)와 골반 높이(h)의 관계를 두발로 걷는 공룡의 몇 가지 종류에 따라 다음과 같은 근사 값 계산 식을 제안하였습니다. 이때 골반 높이(h)를 구하기 위해 발 길이(FL)에 곱해 주는 공룡의 종류에 따라 다른 수가 CF입니다.

발 길이(FL)가 0.25m보다 작을 때		발 길이(FL)가 0.25m보다 클 때	
작은 수각류	h= 4.5× FL	큰 수각류	h= 4.9× FL
작은 조각류	h= 4.8× FL	큰 조각류	h= 5.9× FL
작은 일반적인 이족보행 공룡	h= 4.6× FL	큰 일반적인 이족보행 공룡	h= 5.7× FL

공룡의 이동 속도를 자동 측정할 수 있는 사이트

http://www.sorbygeology.group.shef.ac.uk/DINOC01/dinocal1.htm

THE UNIVERSITY OF SHEFFIELD

Sorby Geology Group

Dinosaur Speed Calculator

On Line Calculator for Estimating Dinosaur Speed and Gait

Introduction

The key to deriving estimates of dinosaur gait and speed from trackways was provided by the zoologist R. McNeill Alexander (1976). From observations of modern animals he derived a general relationship between an animal's speed of locomotion (v) and its hip height (h) and its stride length (SL), which is

$$v = 0.25^{*}g^{0.5*}SL^{1.67*}h^{-1.17}$$

Alexander also pointed out that this formula could be applied to dinosaur trackways since the stride length can be measured directly and the hip height could be estimated from the size of the foot print.

The stride length is the distance between successive prints of the same foot.

Alexander estimated from a range of dinosaur skeletons that the hip height ranged from 3.6 to 4.3 times the foot length and h=4*foot print length has become widely used as a convenient and easily remembered rule of thumb.

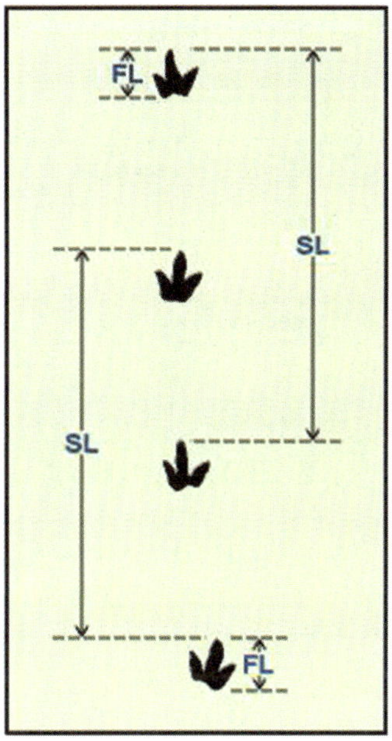

공룡의 이동 속도를 자동으로 측정해 볼 수 있는 사이트에 가서 A 공룡의 발 길이 FL이 평균 0.33m이고, 큰 조각류 공룡이므로 CF를 5.9를 적용하면 골반 높이(h)가 약 1.95m로 자동 계산됩니다. 그리고 보폭(SL)이 평균 1.25m이므로 적용하면 다음과 같이 알렉산더 공식과 툴본 공식으로 속력이 자동 계산됩니다. A 공룡의 속력은 두 공식으로 계산한 값의 평균을 취하면 약 0.85m/s가 되네요.

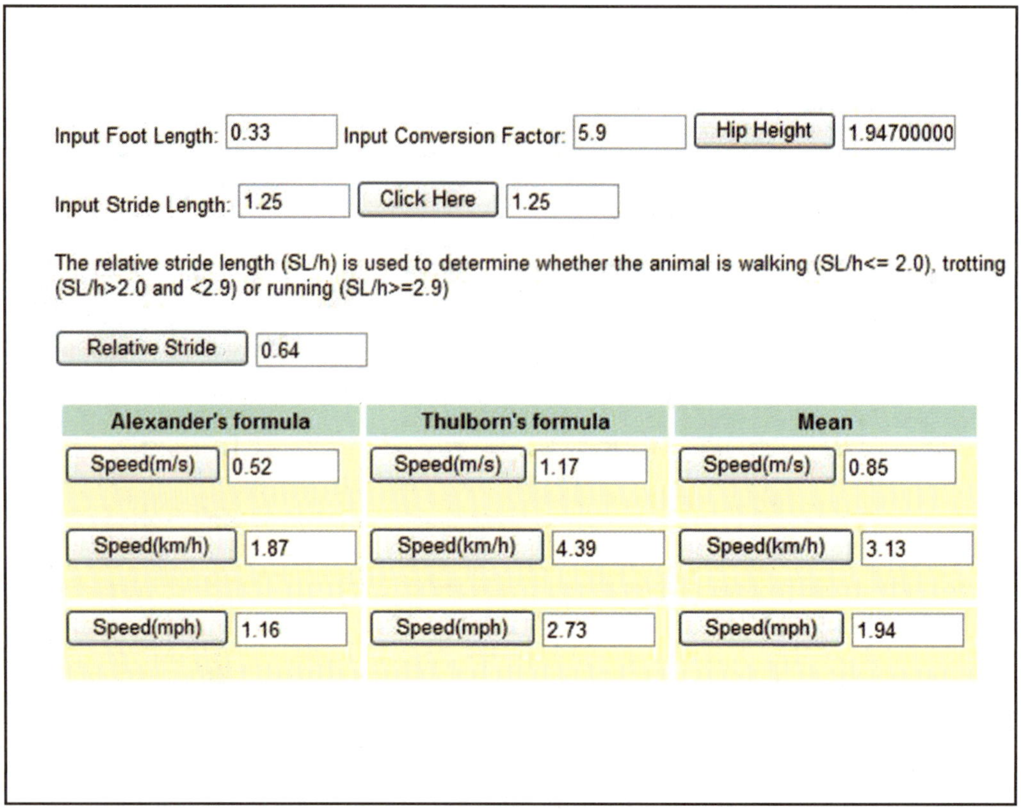

또한 친구들이 측정한 계산 정보에 의하면 이들 조각류 공룡의 발 길이는 0.3~0.4m, 발의 폭은 0.28~0.35m, 발가락은 3개였고 가운데 발가락이 가장 길었습니다. 공룡은 두 발로 1.25~1.78m, 걸음걸이로 보폭은 0.67~0.94m, 보폭 각도는 120°에서 160°, 평균 S45W 방향으로 걸어갔어요. 보행렬의 남서쪽에는 넓게 연흔이 발견되므로 당시 이 지역이 아주 큰 호숫가였음을 추리할 수 있었고, 이 공룡들은 호수를 향해 약 0.85m/s(3.04km/h)의 속력으로 천천히 걸어갔다고 상상해 볼 수 있죠.

이번에는 공룡의 몸무게도 측정해 볼까요? 그런데 현재 살고 있지도 않은 공룡의 몸무게를 어떻게 측정할 수 있을까요?

활동 6. 공룡의 몸무게 구하기

박물관과 화석 산지에서 측정해 온 데이터를 바탕으로 공룡의 몸무게를 구해 봅시다.

공룡은 현존 생물이 아니므로 다음과 같은 가정을 가지고 측정을 시작해 봅시다.

우선 "공룡 몸의 밀도는 현존 파충류의 몸의 밀도와 동일하다."고 가정합시다.

그럼 현존 파충류 몸의 밀도는 어떻게 알 수 있나요? 파충류인 거북이를 이용하여 밀도를 측정해 봅시다. 밀도는 어떻게 측정하나요? 그렇습니다. 질량을 부피로 나눈 값(단위 부피당 질량값)으로 구하지요? 자, 거북이의 질량을 전자저울로 측정하세요. 거북이의 몸의 부피는 어떻게 측정할까요? 부피란 '차지하는 공간'이라는 뜻이지요. 거북이를 물 속에 넣으면 거북이가 차지하는 공간만큼의 물이 밀려 올라가겠죠. 눈금 있는 그릇에서 거북이의 부피를 측정해 보세요. 자, 거북이의 질량과 부피를 이용하여 계산하니, 거북이의 밀도는 얼마인가요? 거북이의 밀도가 공룡의 밀도와 같다고 가정하였으므로 공룡의 밀도를 알게 되었습니다. 이제 공룡의 부피를 알면 될 텐데요. 공룡의 부피는 어떻게 알 수 있을까요?

공룡의 몸무게 측정 예

공룡 모형 축소	공룡 모형 부피	거북이 질량	거북이 부피	거북이 밀도
1/100	$3cm^3$	56g	$46cm^3$	1,217 g/cm^3

공룡 모형의 질량	공룡의 실제 질량
3x1,217=3,651g	3,651x1000000=3,651,000g=3,651톤

공룡 모형

공룡 부피 측정

거북이 질량 측정

거북이 부피 측정

최근 수업 시간에 학습한 '밀도'에 대한 개념을 명확히 알고 있었던 친구들이 밀도의 개념을 이용하여 이 문제를 해결했네요. 먼저 박물관에서 측정한 공룡 골격의 측정치를 이용하여 1/100로 축소된 공룡 모형을 만들고, 공룡 모형의 부피를 측정하였습니다. 이 공룡의 모형의 부피에 10^6을 곱하면 공룡의 부피가 되겠지요? 왜냐하면 모형은 실제 공룡 길이를 1/100로 축소하였으므로 부피를 구하려면 100^3배를 해야 하기 때문입니다.

자, 이제 공룡의 밀도와 공룡의 부피를 알게 되었습니다. 그럼 어떻게 공룡의 질량을 계산할까요? 그렇죠. 질량은 부피값에 밀도값을 곱하면 구할 수 있죠?

질량=부피×밀도
(g) (㎤) (g/㎤)

이렇게 계산한 값으로 이 공룡의 몸의 질량은 약 3.6톤이 나왔습니다. 조각류 공룡의 몸무게가 코끼리의 몸무게와 비슷했네요.

다른 모둠에서는 밀도와 부피 개념을 사용하지 않고 이 문제를 다음과 같이 비례식으로 풀기도 하였습니다. 이렇게 구한 값과 위에서 구한 값 중 어느 것이 더 정확하다고 할 수 있을까요? 왜 그럴까요?

공룡의 등 길이:공룡의 몸무게=거북이의 등길이:거북이의 몸무게

자, 이제 공룡을 만들어 보겠습니다.

활동 7. 새로운 공룡 발 만들기

공룡 발자국 화석 산지에서 찍어온 화석 사진을 이용하여 공룡의 발 모양을 추리해 봅시다.

공룡 발 만들기

★ 공룡 화석에서 공룡의 발과 발자국 찾기

★ 공룡의 발을 만들어 봅시다.

발과 발자국 찾기

자신의 발바닥을 잘 관찰하고 물감을 묻혀서 찍었을 때 어떤 모양이 될지 그림으로 그려 봅시다. 그리고 직접 발바닥에 물감을 묻히고 찍어서 예측과 비교해 봅시다. 예측과 실제는 어떤 차이가 있나요? 왜 그런 차이가 생겼을까요? 생각을 글로 써 봅시다.

활동지 **발과 발자국**

자신의 발바닥을 잘 관찰하고 발바닥을 물감으로 찍었을 때 어떤 모양이 될지 예측하여 그려 보세요.	직접 발바닥에 물감을 묻혀서 찍어 보세요.

실제 찍어 본 것은 자신의 예측과 어떤 차이가 있나요? 왜 그런 차이가 생겼을까요?

이번에는 다음 동물의 발자국을 보고 발 모양을 추리하여 그려 봅시다. 어떤 동물의 발자국일까요?

활동지 **발자국 화석을 보고 동물의 발 추리하기**

발자국	발 모양 추리하여 설명하기	동물의 이름

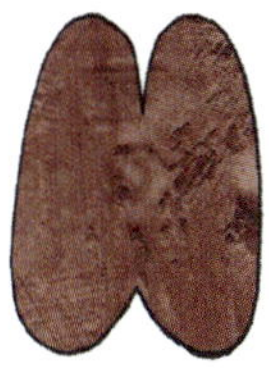		

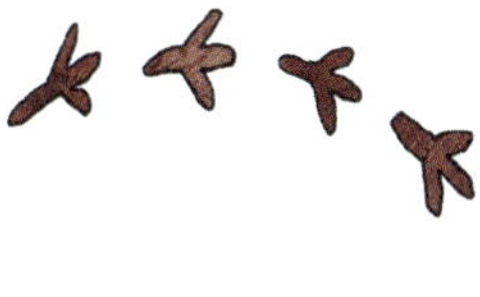		

정답은 개, 산양, 고양이, 곰, 새입니다. 모두 맞혔나요?

그리고 이 발자국은 어떤가요? 어느 쪽으로 걸어갔나요? 발가락의 수는 몇 개인가요?

네, 이 발자국은 새 발자국인데요. 발가락이 뚜렷이 4개가 보입니다.

그림의 새의 발을 자세히 보세요. 앞쪽으로 뻗어 있는 발가락 3개와 뒤쪽으로도 뻗어 있는 발가락이 1개, 보이지요? 뒤쪽으로도 발가락이 있을 수 있다는 사실!

공룡의 발 만들기

이제는 고현의 화석 산지에서 찍어 온 화석 사진을 기초로 도면을 그리고 모래에 직접 몰드로 찍어 보는 실험을 하며 공룡의 발바닥 모양을 추리해 봅시다. 화석의 발가락 사이의 각도를 측정하고 공룡의 발 뼈대를 추리하여 만든 다음 찰흙을 붙여 공룡 발을 제작합니다.

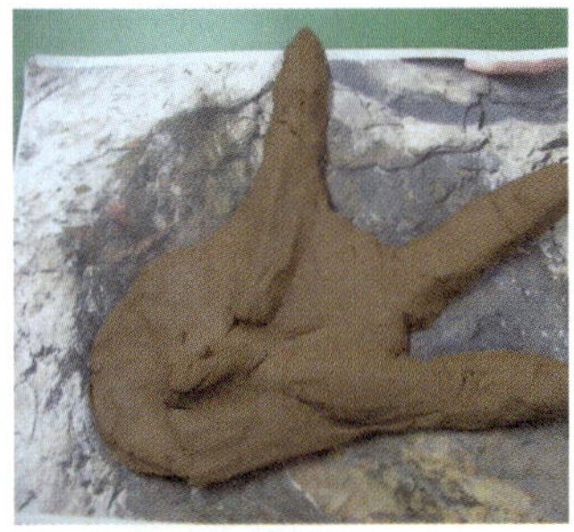
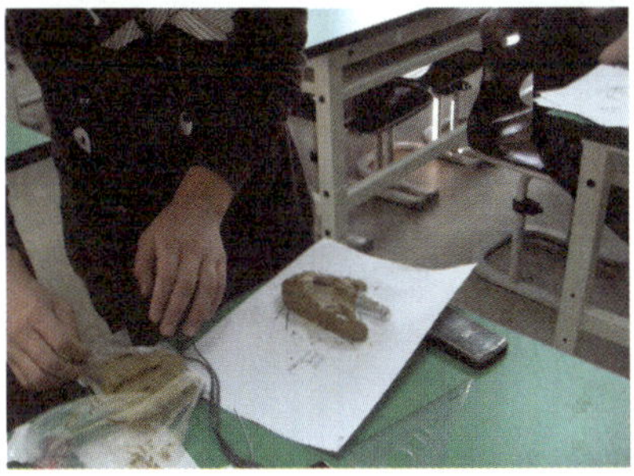

발자국 형태 그리기

공룡 화석 산지에서 찍어 온 발자국 화석 사진을 바탕으로 발자국 형태를 그려 봅시다. 발자국 화석의 윤곽을 따라 그리고 발가락의 방향과 발가락 사이의 각을 측정합니다. 한 보행렬의 여러 발자국의 각을 측정하고 평균값을 구해 봅시다. 이 값은 나중에 공룡의 발을 만들 때 발가락을 표현할 기초 정보가 되겠지요.

발 모양 추리하여 그리기

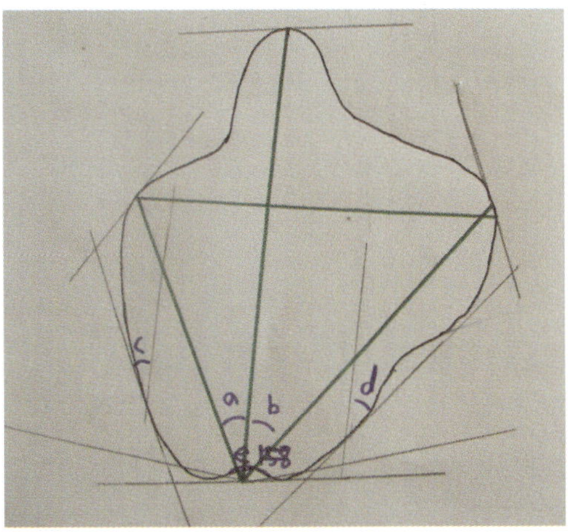
발자국 형태 그리기

다음은 우리가 고현의 화석 산지에서 찍어 온 공룡 발자국 화석의 사진입니다. 이 발자국을 자세히 관찰해 봅시다.

발가락은 몇 개일까요? 발가락은 3개인가요? 발톱이 보이나요?

발톱이 찍혀 있다면 박물관에서 조각류 공룡의 표현에서 발톱이 잘못 표현되었었군요. 박물관의 조각류 공룡의

3D 표현에는 발톱이 발가락 위에 얹혀 있었죠? 이렇게 공룡을 표현할 때 정확한 관찰을 바탕으로 해야 함을 알게 되었기를 바랍니다.

그리고 조각류 공룡이 발뒤꿈치를 들고 걸었다는 정보를 조사했던 것을 기억하시나요? 공룡이 발뒤꿈치를 들고 걸었다면 어떻게 사진과 같은 발자국이 찍힐 수 있는 것일까요? 사진의 발자국에는 3개 발가락의 뼈 자국이 보이고 그리고 뒷부분에 또 하나의 뚜렷한 뼈 자국이 보입니다. 그래서 발자국의 가운데에 십자가 모양의 선명한 자국이 나타났습니다. 이러한 십자가 모양의 발자국은 다섯 보행렬에서 공통적으로 나타났어요. 흙의 상태에 따라 한 보행렬이라도 조금씩 다르게 찍히긴 했지만 어쨌든 보행렬마다 이러한 십자가 모양의 흔적이 나타나는 공통적인 발자국 화석이 포함되었어요. 어떻게 이러한 십자가 모양이 찍히게 된 것일까요? 발바닥의 구조가 어떠할 것인지, 또 왜 그렇게 생각하는지를 추리하여 글로 써 봅시다.

활동지 발바닥과 발자국

공룡 발자국 화석	발바닥 구조 추리

발 만들기

이제, 공룡 발자국 화석으로 추리한 발 그림을 찰흙으로 직접 만들어 봅시다.

그리고 만든 발이 정말 화석처럼 찍히는지 직접 모래에 찍어 봅시다.

모래에 찍힌 발자국이 발자국 화석과 같은지 확인해 보세요. 어딘가 같지 않다면 발 모양을 찰흙으로 수정하여 다시 만듭시다. 이 과정을 반복하여 최종 공룡 발 모양을 결정하고 발표합니다.

닭발 관찰하기

척추동물들의 골격 구조는 그 종류가 달라도 매우 유사합니다. 그러니 정말 미경이의 추리가 옳을지도 모르겠어요. 좀 더 정교한 공룡의 발을 만들기 위해 우리, 미경이의 추리가 정말 그럴듯한지 새 발을 한번 자세히 살펴볼까요? 우리가 주위에서 쉽게 구할 수 있는 새의 발이 있지요? 닭발!

◆ 닭발 피부 관찰

닭발은 발목과 함께 닭의 몸에서 깃털로 덮여 있지 않은 부분입니다. 조류는 뒷

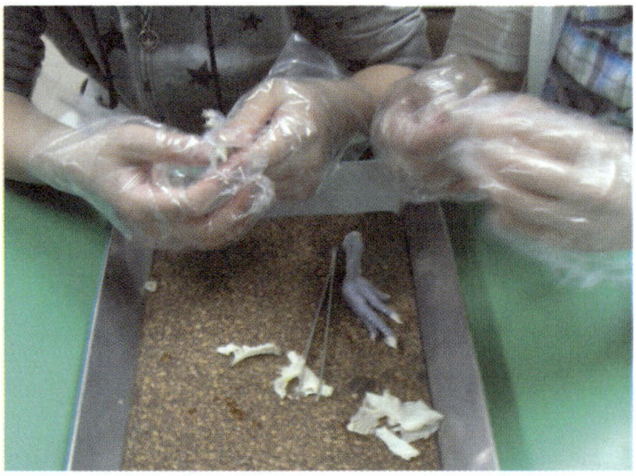
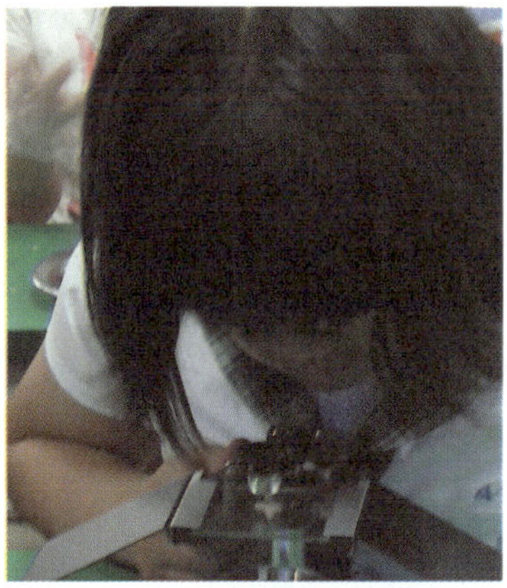
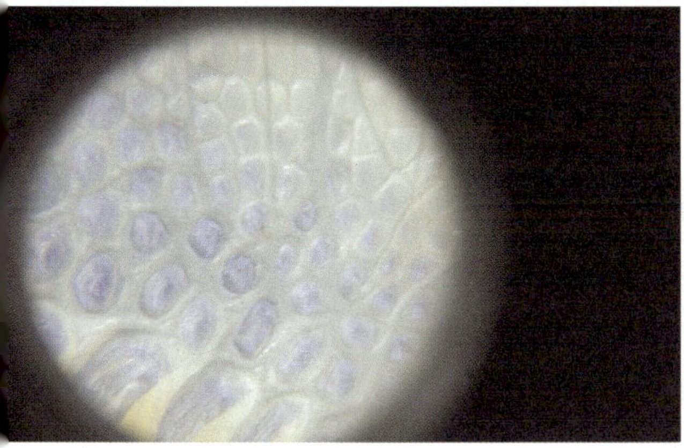
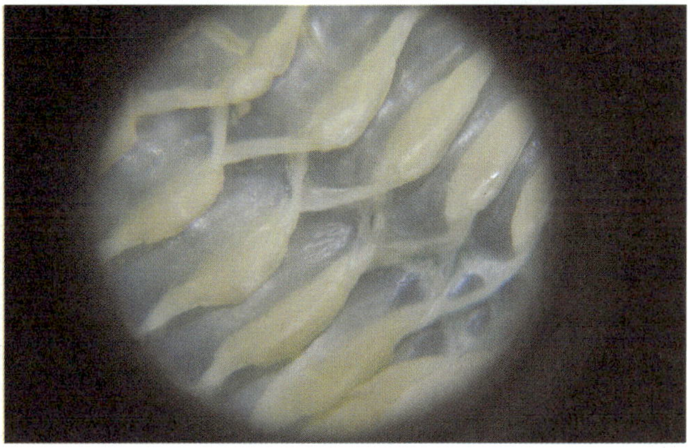

다리가 파충류와 같이 비늘로 덮여 있죠. 그럼에도 불구하고 새들은 추운 겨울에 맨발로 동상에 걸리지도 않고 언 땅을 걸어 다닙니다. 닭발의 비늘에 무슨 비밀이 있는 것은 아닐까요?

닭발의 비늘을 벗겨내고 해부현미경으로 관찰해 봅시다. 닭발과 발목의 세포 아래에는 사진과 같은 지방 주머니가 달려 있습니다. 이 지방 주머니가 체온을 유지하는 데 도움을 줄 것 같지요? 공룡의 비늘에도 닭발처럼 지방 주머니가 달려 있었던 것은 아니었을까요? 비늘 아래 지방 주머니가 달린 공룡의 피부를 상상해 봅시다.

◆ 닭발의 힘줄 관찰

닭발의 끝부분의 피부를 벗겨내어 그 안쪽에 있는 흰색의 스프링과 힘줄이 보이도록 하고 발가락을 오므라들게 하거나 발가락을 펴려면 어느 인대를 당겨야 하는지 관찰합니다.

각 발가락에서 골격과 근육이 힘줄로 연결되어 있습니다. 발등 쪽의 힘줄을 잡아당기면 발가락이 들려 뒤로 젖힙니다. 발바닥 쪽의 힘줄을 잡아당기면 발가락이 안쪽으로 굽습니다. 공룡의 앞발은 이렇게 근육에 힘줄이 부착되어서 발가락을 움직일 수 있으리라 추측됩니다. 그리하여 두 발로 걸었던 조각류 공룡들은 사람이 손을 사용하는 것처럼 앞발을 들고 줄기 등을 잡을 수 있었을 것입니다.

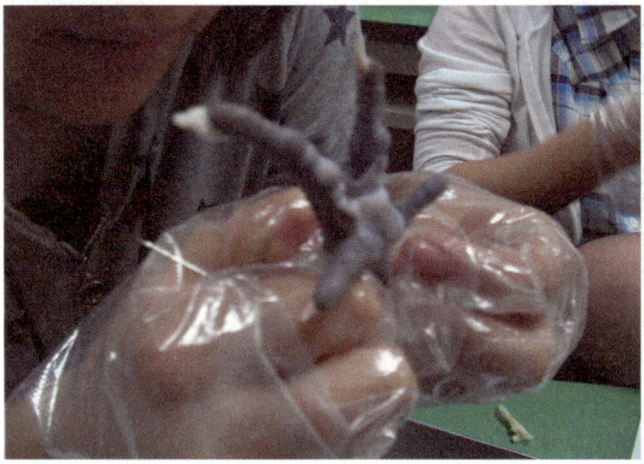

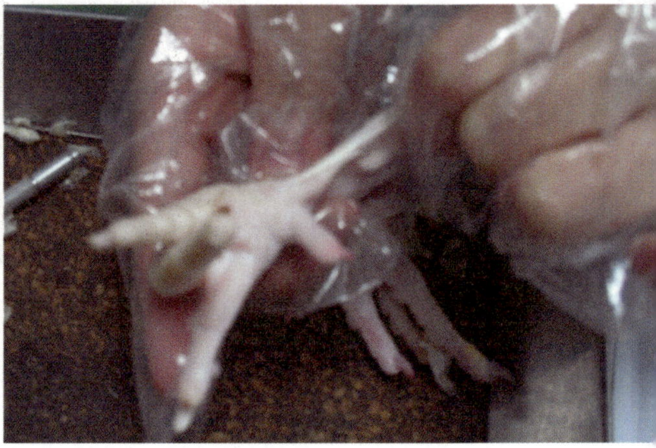

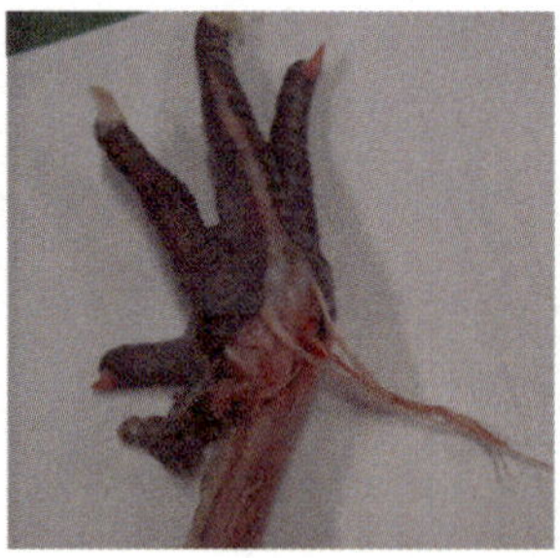

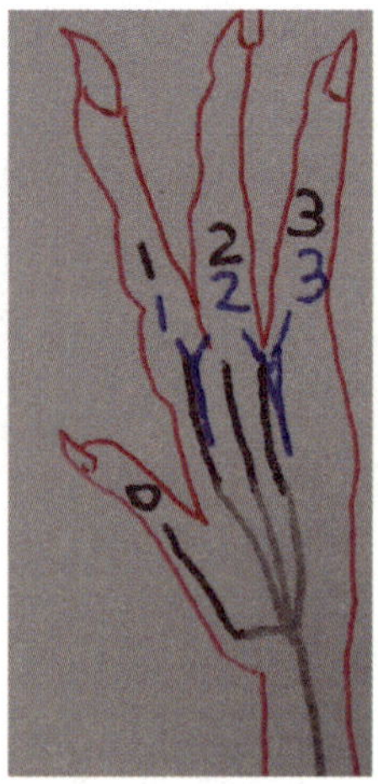

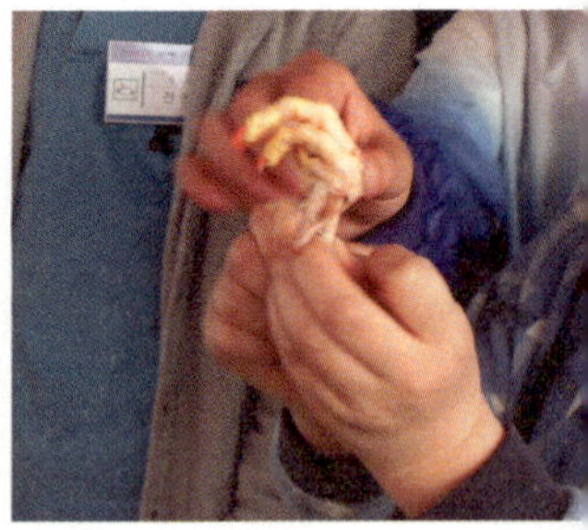

닭 뼈의 추출

이번에는 닭발을 끓는 물에 잘 삶아 닭의 피부와 근육을 떼어 내고 뼈들을 잘 골라낸 다음 과산화수소에 넣어 표백한 후 순간접착제를 사용하여 닭발 뼈 조각을 뼈 그림에 맞추어 봅니다.

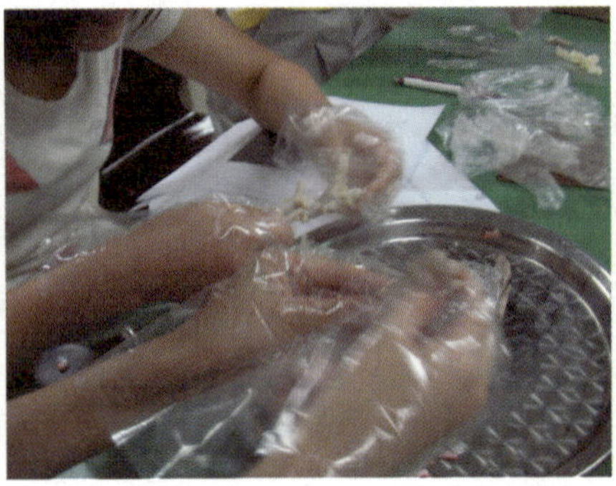

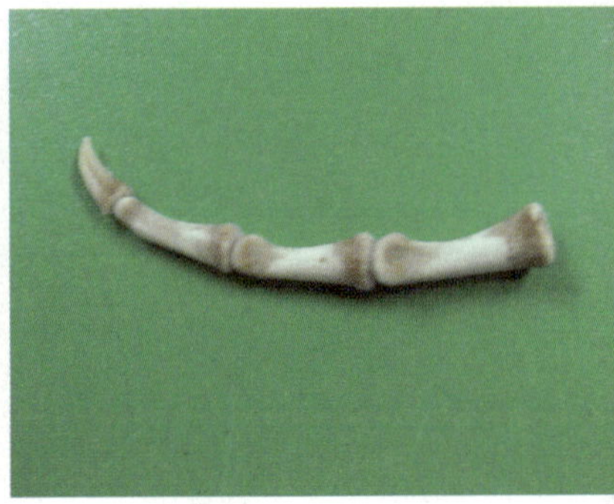

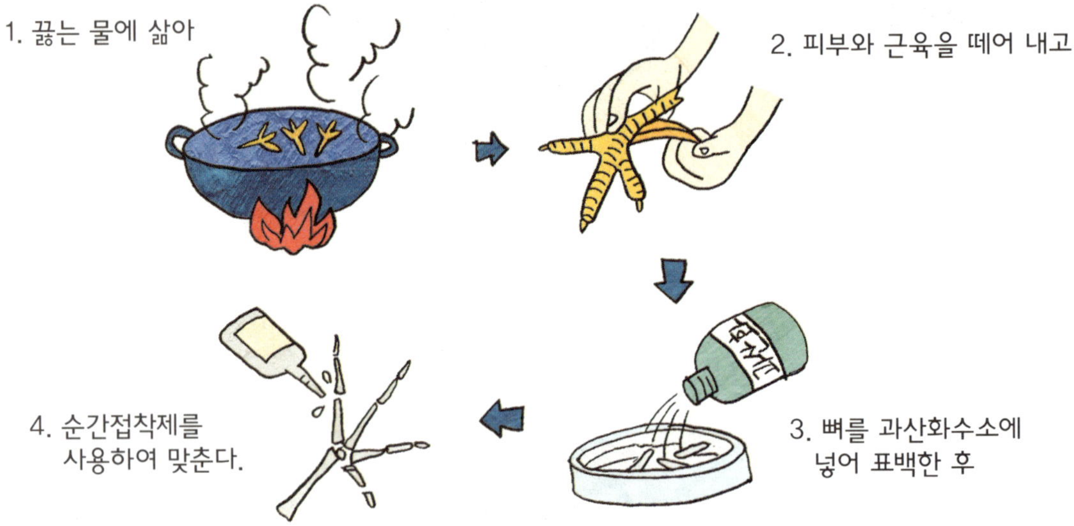

닭발을 이루는 뼈를 발굴하여 다음 그림에 맞추어서 조립해 봅시다.

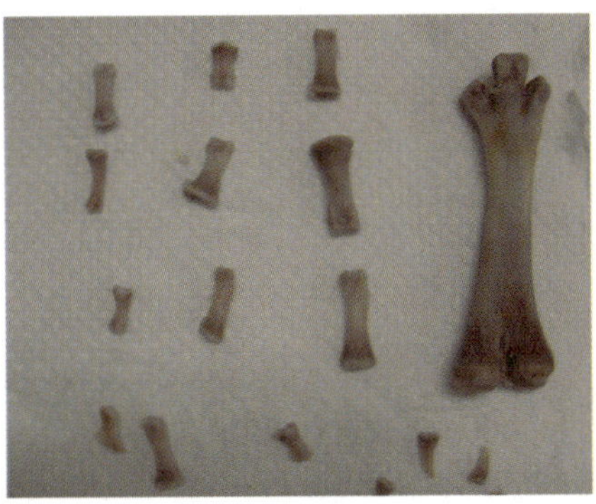

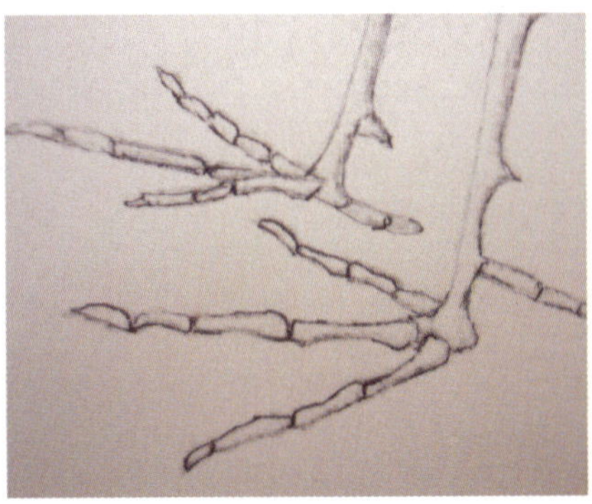

이번에는 닭발과 우리가 박물관에서 조사해 온 공룡 발 골격과 어떤 같은 점과 다른 점이 있는지 찾아 기록해 봅시다.

닭발과 공룡 발 골격의 같은 점과 다른 점

골격	같은 점	다른 점
닭발	발목뼈 하나에 발등뼈 3개가 연결되고 각 발등뼈에 발가락뼈가 4개씩의 마디를 구성하며 연결된다.	발목뼈에서부터 발등뼈 3개가 바닥으로 붙고 발가락뼈는 4개씩 발등뼈에 붙어 각 마디를 이룬다.
공룡 발		발목뼈에는 발등뼈 3개가 붙어 서있고 발등뼈에 각각의 발가락이 붙어 4개씩으로 마디를 구성하여 바닥에 붙는다.

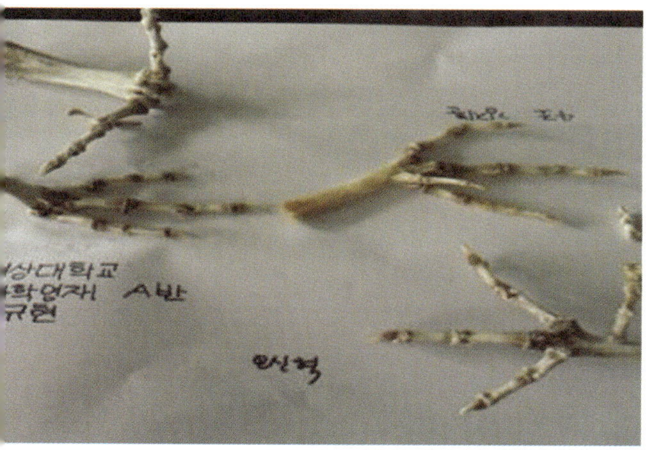

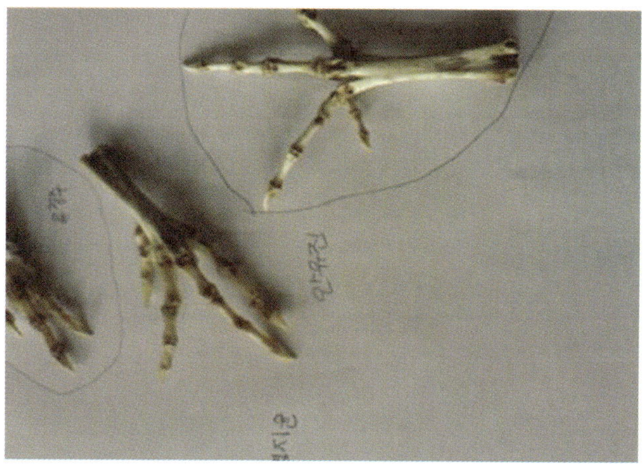

공룡 발

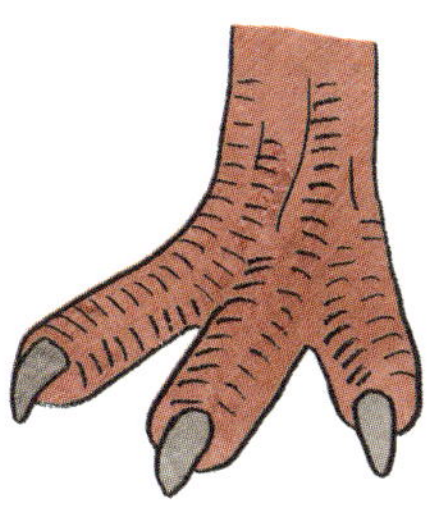

닭발

공룡 발 추리하기

닭발의 발가락을 이루는 뼈는 각각 4개씩입니다. 4개의 발가락뼈가 하나의 다리뼈와 연결되어 있죠.

이것은 공룡 뼈 화석의 구조와 일치합니다. 공룡도 4개의 뼈가 발가락을 이루며 하나의 다리뼈에 발가락의 뼈가 붙어 있습니다. 또한 앞으로 뻗어 있는 세 발가락 중 가운데 발가락이 대체로 가장 길죠. 발가락의 길이는 발가락뼈의 길이에 의해 좌우됩니다. 단지 닭발과 공룡 발의 차이점은 다리뼈에 붙어 있는 첫 번째 발가락뼈가 닭의 경우는 바닥에 붙을 수 있게 많이 벌어져 있으며 공룡의 경우에는 다리뼈에 연결되어 일어서 있고 뼈들이 벌어지지 않고 모두 붙어 있습니다. 두 번째 발가락뼈부터 땅에 닿으며 이때부터 발가락의 각도가 벌어집니다.

닭발과 공룡 발의 차이점을 근거로 닭발의 뼈를 이용하여 공룡 발의 뼈를 조립하고 공룡 발의 모습을 상상해 봅시다.

공룡 발 골격 조립하기

자, 이제 지금까지 탐구한 모든 것을 종합하여 여러분의 기발한 착안이 들어 있는 자신만의 공룡의 발을 상상하여 만들어 봅시다.

이 사진은 고현리 화석 산지에서 가져온 공룡 발자국 화석이죠. 이제 이 조각류 공룡의 발을 최종적으로 추리해 보세요.

공룡 발자국 화석에 보이는 십자 모양 자국

발자국 화석에 뚜렷이 보이는 십자 모양을 어떻게 해석할 수 있을까요? 도대체 발이 어떤 모양이어야 이러한 발자국이 찍힐 수 있을까요? 발바닥에 도장을 만들려고 하지 마세요. 왜냐하면 조각류 공룡은 꼬리가 아주 길었기 때문에 (꼬리를 땅에 질질 끌고 다니지는 않았죠. 어떻게 아냐고요? 발자국 화석에 꼬리를 끌고 간 자국이 없죠. 이것은 공룡이 꼬리를 들고 걸었다는 것을 의미합니다.) 긴 꼬리를 들고 걸으려면 몸의 중심이 앞으로 쏠려서 필히 발뒤꿈치를 들고 걸어야 합니다. 발가락만으로만 걸었다면 발자국에 뒤꿈치가 찍힐 리 없죠. 그럼 어떻게 십자가 모양이 발자국 안에 선명히 찍힐 수 있었던 것일까요? 미경이는 공룡 발자국이 새 발자국과 비슷하다는 점에 착안하여 닭뼈로 다음과 같은 공룡 발의 뼈를 추리하고 사진과 같이 박물관에 있던 조각류 공룡 발과는 전혀 다른 새로운 공룡 발을 만들었어요. 어때

닭뼈로 공룡 발 골격 조립하기

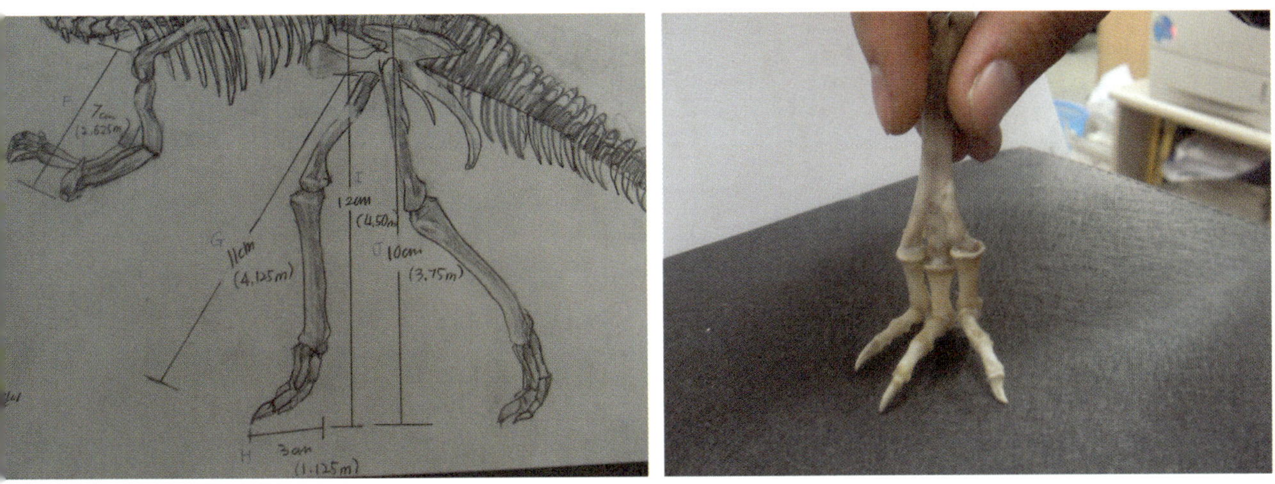

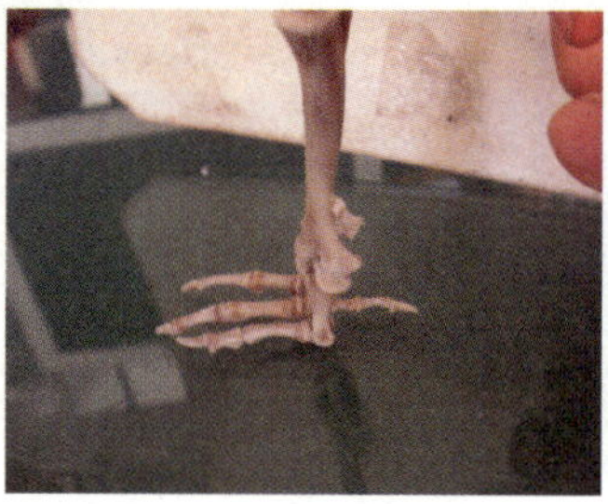 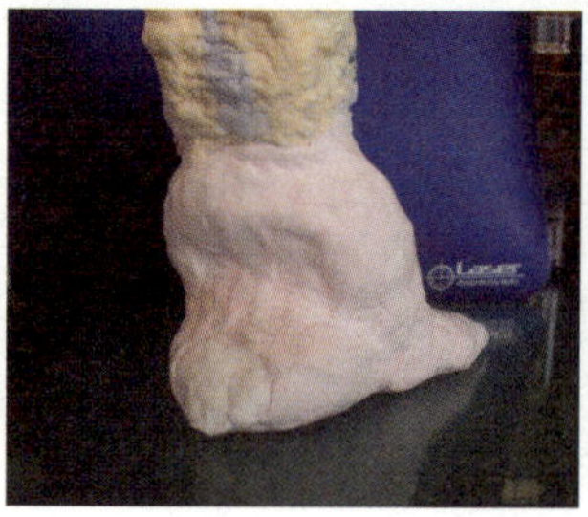 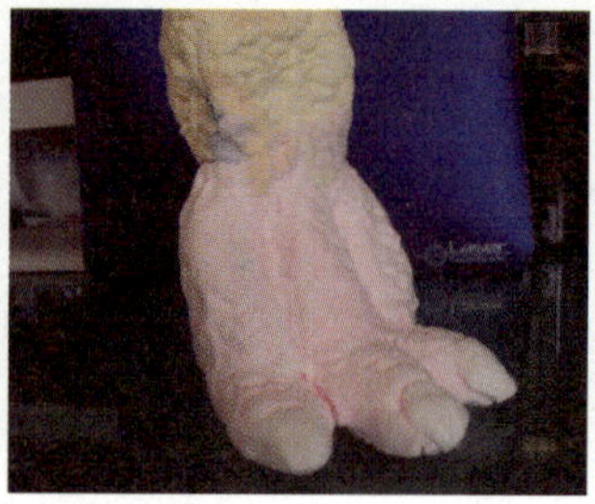 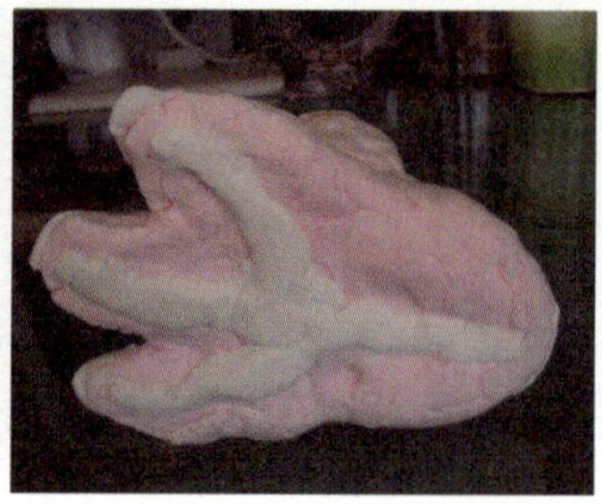

닭발처럼 뒤에도 뼈가 있는 새로운 공룡 발 추리하기

미경이의 이야기

새 발자국이 눈 위에 찍힌 것을 보는 순간 새 발자국이 조각류 공룡의 발자국과 크기만 다를 뿐 매우 흡사하다는 것을 깨달았어요. 어느 논문에도 나와 있지 않은 사실을 갑자기 깨닫게 되어 흥분해서 소리쳤지. 야, 우리가 새로운 것을 알아 낸 거야!

이렇게 결론지을 때까지 자면서도 이 문제를 어떻게 풀까 하고 고민했어요. 공룡 발을 여러 번 만들어 보면서 자다가도 일어나 그 발을 모래에 찍어 보았는데, 아무래도 알 수 없었어요. 그런데 갑자기 흰 눈 위에 찍힌 새 발자국을 보고서 번쩍 아이디어가 생각난 거예요.

우리 미경이가 한 것처럼 끈질기게 생각한 후에 얻어낸 아이디어는 큰 기쁨을 줍니다. 십자가 모양의 발자국이 찍히려면 어떤 발 모양이어야 하고, 또 어떻게 걸어야 할까요? 끈질기게 생각하여 여러분만의 독창적인 공룡 발을 창조해 보세요.

3. 공룡 애니메이션 만들기

활동 8. 공룡 되살리기

지금까지의 공룡 발자국 화석 분석 자료를 바탕으로 공룡 애니메이션을 만들어 봅시다.

공룡 애니메이션

★ 공룡발자국화석이 생기기까지 시나리오와 스토리보드, 콘티를 작성해 봅시다.

★ 박물관의 조각류 공룡을 1/30로 축소하여 공룡 캐릭터를 만들어 봅시다.

★ 스토리보드대로 배경을 꾸미고 공룡 캐릭터를 조금씩 움직이며 연속 촬영하고 window movie maker에서 애니메이션으로 제작해 봅시다.

오랜 여정을 거쳐 공룡을 탐구하였으니, 이제 우리도 스티븐 스필버그 감독처럼 멋진 애니메이션을 만들어서 1억 년 전에 멸종한 공룡들을 되살려 보자고요!

공룡 이야기 만들기

먼저 지금까지의 탐구를 바탕으로 이곳에 발자국 화석이 생기기까지의 과정을 다음과 같이 작성해 봅시다.

> "이곳은 호숫가이거나 하천이 범람하는 진흙형의 퇴적지였다. 조각류 공룡의 무리가 지나갔다. 그들의 발은 십자 모양으로 발자국이 생기게 하였으며 몸무게가 좀 더 많은 공룡의 발은 부채꼴 발자국이 생기게 하였다. 그 후 건조한 날씨가 계속되었다. 발자국은 오래 방치되었다. 진흙이 건조해지면서 딱딱해졌다. 그 후 다시 우기가 와서 다시 진흙형의 퇴적지가 되었다. 발자국 위에 계속해서 퇴적층이 쌓였다. 그 진흙 퇴적층으로 공룡들의 후손들이 걸어갔다. 다시 건조한 날씨가 계속되었다. 발자국은 다른 화석이 되었다. 그 후 다시 우기가 왔고 새로운 퇴적층이 쌓였다. 퇴적물의 무게, 열, 압력에 의해 암석으로 굳어졌다. 그 후 이 지역은 해침으로 인해 바다가 되었다. 해수에 의해 오랜 세월 동안 발자국 위의 지층들이 침식되었다. 발자국 화석이 세상에 드러났다."

이러한 탐구 내용을 바탕으로 1억 년 전 백악기에 이곳에서 있었던 일을 상상하여 여러분의 창의적인 공룡 이야기를 만들어 보세요.

시나리오 만들기

시나리오: 다정한 공룡 가족

등장: 엄마, 아빠, 아들, 할머니, 할아버지
장소: 백악기 호숫가

가족은 호수를 찾아서 나들이를 나왔다. 할머니, 할아버지는 가족을 보호하며 양옆으로 나누어 서서 걷고, 부부는 다정하게 이야기를 하며 걷는다.
극이 시작되면서 (You and I 음악이 흐르고) 엄마와 아빠 공룡은 뽀뽀를 하고 있다.

아빠 사랑해요, 여보.
엄마 저도요.
할머니 (재촉하며) 얘들아, 어서 가자. 해가 지려고 하고 있어, 언제 육식공룡이 덮칠 지 몰라.
(길을 떠나는 가족)
엄마 호숫가에 분홍빛 목련이 피어 있군요
아빠 숲에는 큰 단풍나무들도 있어요.
아들 (엄마 곁에 자꾸 다가오며) 엄마, 목 말라요.
엄마 그래 아들아, 네가 제일 먼저 저 호수의 맑은 물을 마시렴. 엄마는 신선한 고사리를 찾아볼게.
할아버지 무슨 말이냐. 장유유서도 모르냐? 당연히 이 할애비가 먼저 마셔야지. 애들 교육을 그렇게 시켜서 되겠니? 쯧쯧.
엄마 알겠어요, 아버님. 요즘 아버님도 많이 야위셨네요. 어서 가셔서 아버님 먼저 많이 드세요.

가족은 물을 사이좋게 나누어 마시고 호숫가를 떠난다. 그 후 가뭄이 계속되고 호숫가는 버쩍버쩍 마르고 갈라진다. 갈라진 땅에 가족의 다정한 발자국이 화석으로 영원히 남는다.
갈라진 땅에 비가 온다. 다시 물이 흘러 호수가 된다. 습지에 다른 퇴적층이 쌓이고 공룡 아들의 가족들이 또 걸어간다. 그 후 다시 오랜 가뭄이 계속되고, 호숫가 땅은 버쩍버쩍 마르고 갈라진다. 갈라진 땅에 또 다른 발자국이 화석으로 남는다. 갈라진 땅에 다시 비가 온다.

스토리보드 및 콘티 제작하기

시나리오에 근거하여 스크린(찍히는 영상), 카메라 액션(촬영 기법), 사운드 다이얼로그(소리), 타임(한 스크린이 사용되는 시간)등을 넣어서 다음과 같은 스토리보드와 각 장면을 그림으로 표현한 콘티를 작성해 보세요.

스토리보드

S	C	Screen	Camera/Action	Sound/Dialogue	Time
	1		호수 주변 습지의 모습 확대. O.L, full shot		1″ 30
	2		걸어오는 공룡 가족들의 앞모습. C.I, long shot	작은 발자국 소리.	2″
1	3	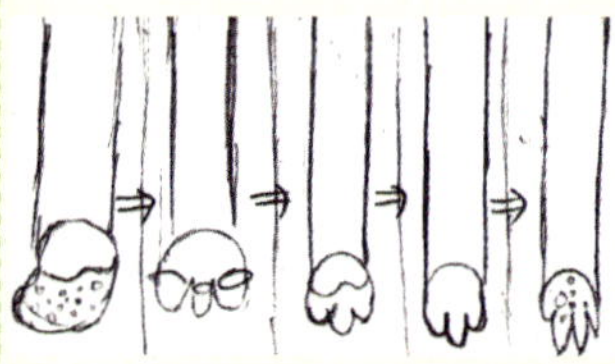	가족이 걸어가는 뒷모습 발자국이 따라간다. O.L, follow, close up shot	발자국 소리.	1″
	4		엄마와 아빠가 뽀뽀하는 장면. O.L, full shot	사랑해요. 여보 저도요.	2″
	5		고개를 돌리며 재촉하듯 말하는 할머니의 얼굴 클로즈업. C.I, close up shot	얘들아, 어서 가자. 해가 지려고 하고 있어. 언제 육식공룡이 덮칠지 몰라.	5″

1	6		가족들의 양옆으로서 서 대화를 나누고 있는 모습. O.L, waist shot	약간의 말소리와 함께 발자국 소리.	1″ 30
	7		엄마 얼굴 클로즈업. C.I, close up shot, focus out	호숫가에 분홍빛 목련이 피어 있군요.	4″
2	8		목련이 피어 있는 모습. focus in		1″
	9	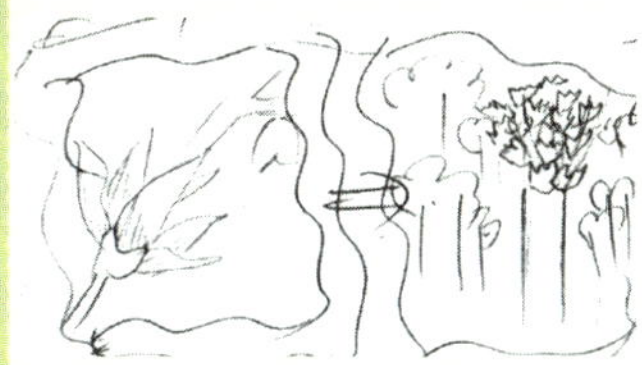	숲 속 단풍나무의 모습. O.L, Follow, T.U, focus out	숲에는 큰 단풍나무들도 있어요.	3″
	10	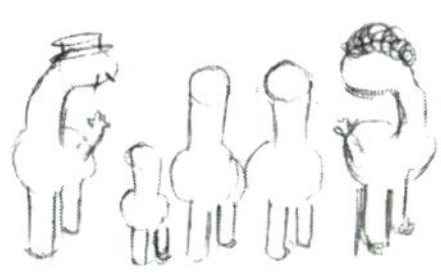	엄마 곁에 다가와 붙는 아들의 모습. C.I, Full shot	발자국 소리 엄마, 목말라요.	2″
3	11		맑은 호수의 모습. O.L.	엄마는 신선한 고사리를 찾아볼게.	2″
	12		역정을 내시는 듯한 할아버지의 얼굴 클로즈업. C.I, close up shot	무슨 말이냐, 장유유서도 모르냐? 당연히 이 할애비가 먼저 마셔야지 애들 교육을 그렇게 시켜서 되겠니? 쯧쯧.	7″

4	15	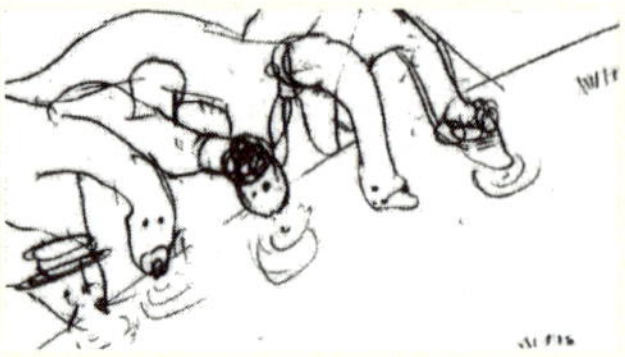	다섯 공룡이 함께 호수에서 물을 마시는 모습. dissolve, full shot	물을 마시는 소리.	3″
	16		길을 걸어가는 공룡들의 뒷모습. dissolve, zoom out, long shot	Narr. 가족은 물을 사이좋게 나누어 마시고 호수를 떠난다.	3″ 30
	17	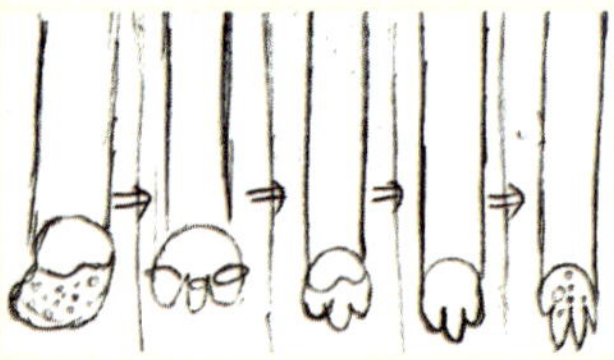	5개의 발자국이 찍힌 모습. zoom out, high angle		1″
	18	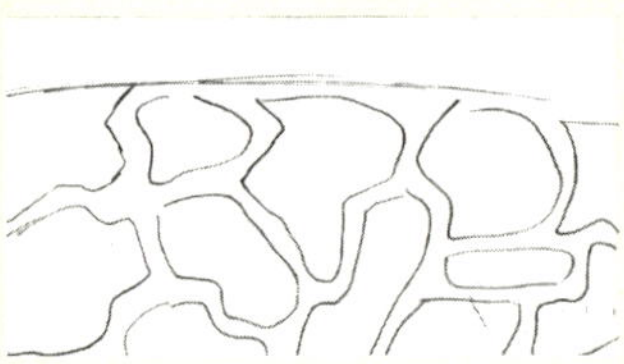	점차 말라가는 땅의 모습. Slide, O.E. (flash forward)	그 후 가뭄이 계속되고 호숫가는 버쩍버쩍 마르고 갈라진다.	5″
	19	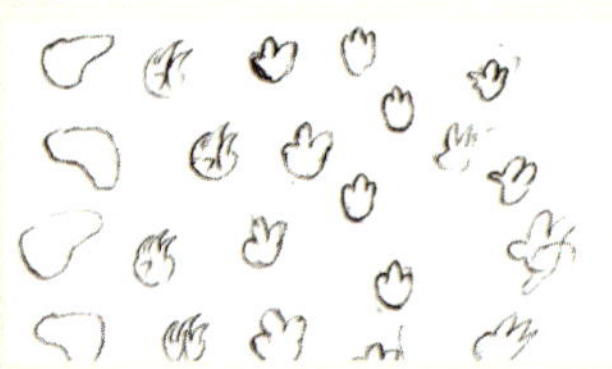	화석이 되어 굳어진 공룡 가족의 발자국. high angle, T.U, F.O.	갈라진 땅에 가족의 다정한 발자국이 화석으로 영원히 남는다.	5″
	20		비가 오는 모습 high angle, T.U, F.O.	갈라진 땅에 비가 온다. 다시 물이 흘러 호수가 된다.	5″
	21		다시 습지의 모습 다른 공룡들이 걸어가는 모습 high angle, T.U, F.O.	습지에 다른 퇴적층이 쌓이고 공룡 아들의 가족들이 걸어간다.	5″
	22		점차 말라가는 땅의 모습 Slide, O.E (flash forward)	그 후 다시 오랜 가뭄이 계속되고, 호숫가 땅은 버쩍버쩍 마르고 갈라진다.	5″

23	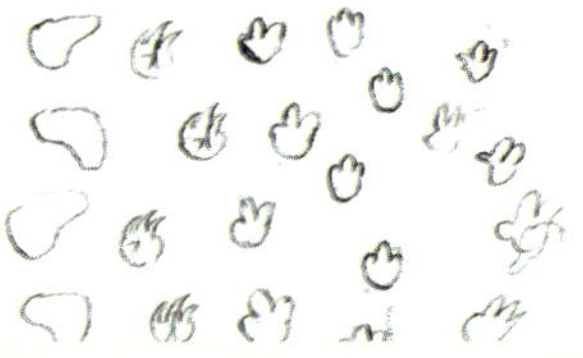	화석이 되어 굳어진 공룡의 발자국 high angle, T.U, F.O.	갈라진 땅에 또 다른 발자국이 화석으로 남는다.	5″
24		비가 오는 모습 high angle, T.U, F.O.	갈라진 땅에 다시 비가 온다.	5″

콘티

그림	설명
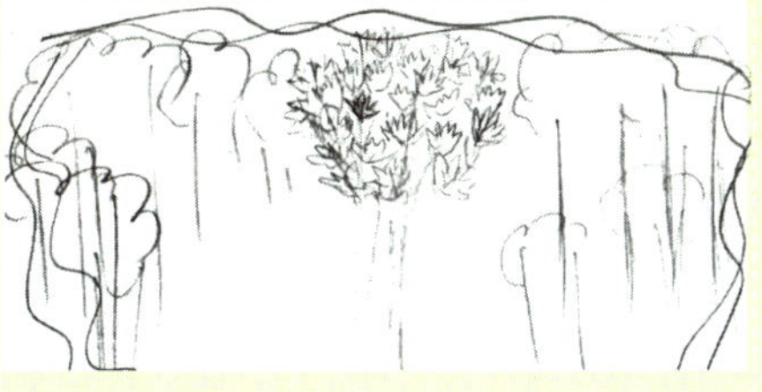	화면이 선명해지면 나타나는 호숫가 습지의 모습, 목련과 숲 속 단풍나무가 보인다.
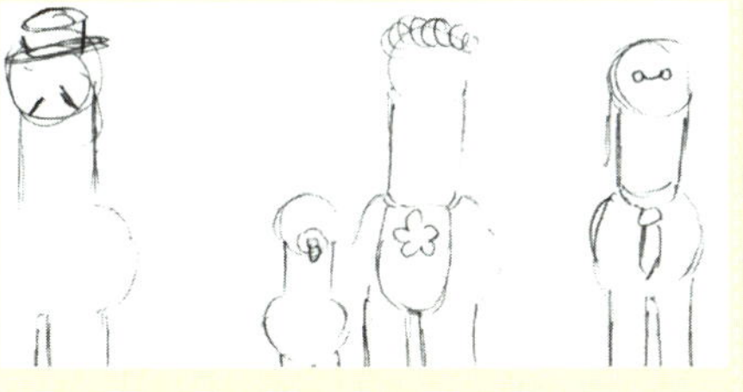	부드러우나 다소 시간이 걸리는 화면 전환 후, 걸어오는 다섯 마리 공룡들의 앞모습.
	전환 후, 걸어가는 다섯 마리 공룡들의 뒷모습. 공룡들은 걸어가지만 카메라는 그대로 있는 채로 서서히 멀어지게 한다.

다섯 마리 공룡들의 발자국 모습이 보인다.
(이때부터는 원래의 발자국 소리)

할머니와 할아버지가 가족들을 사이에 두고 서로 대화를 나누는 모습.
(처음에는 할머니와 할아버지의 얼굴만 잡다가 후에 다섯 마리가 모두 보이도록 한다.)

엄마와 아빠가 키스하는 장면. 키스하는 순간 하늘에 하트 표시가 뜬다.
(할머니와 할아버지가 대화를 나누는 장면은 조금 더 카메라가 더 가까이 간 상태에서 촬영)

화면 전환과 함께 엄마 쪽으로 다가가 떼를 쓰는 아들의 모습.
(이때 부모님의 키스 장면 때처럼 전체 보행에서 점점 다가가는 모습을 보이며, 일정 시간이 지나면 아들의 모습을 클로즈업 해 줄 것)

화면 전환 후 아들을 달래는 듯한 엄마의 모습이 보인다.
(대사 중에서는 엄마 얼굴을 클로즈업하되, 대사 맨 마지막 문장에서는 호수의 모습을 비춘다.)

화면 전환 후 실망과 역정이 뒤섞인 표정의 할아버지 대사.
(할아버지의 얼굴 클로즈업 상태로 대사할 것)

부드러운 화면 전환 후, 할머니를 시작으로 대각선 방향에서 다섯 마리 공룡들이 물을 마시는 모습.
(물 마시는 소리도 작게 들려줄 것)

어느 정도 카메라가 멀어지면 촬영 각도를 조금 높인 상태로 발자국들을 일부 촬영한 뒤 가뭄이 점점 발전해 가는 모습. 어느 정도 시간이 지나면 화면이 하얗게 사라진다.

빗방울이 떨어지는 모습, 장면 전환 후 다른 공룡들이 걸어가는 모습.

어느 정도 카메라가 멀어지면 촬영 각도를 조금 높인 상태로 발자국들을 일부 촬영한 뒤 가뭄이 점점 심해지는 모습. 어느 정도 시간이 지나면 화면이 하얗게 사라진다.

빗방울이 떨어지는 모습.

1/30로 축소한 고현의 공룡 만들기

자, 이제 등장인물들을 만들어야겠지요? 박물관에서 측정한 공룡의 각 부위별 길이를 기준으로 각 보행렬의 공룡의 골반 높이로 환산하여 크기를 추정한 다음, 각 길이를 1/30로 축소하여 공룡캐릭터를 만들어 봅시다. 할아버지 공룡, 할머니 공룡, 아빠 공룡, 엄마 공룡, 아들 공룡이 만들어졌네요.

박물관의 조각류 공룡

머리 길이	목 길이	몸통 길이	꼬리 길이	몸 길이
0.64m	1.28m	1.91m	2.17m	6m
앞다리 길이	**뒷다리 길이**	**발 길이**	**몸 높이**	**골반 높이**
1.97m	3.06m	0.51m	3.32m	3.06m

등장 캐릭터 다섯 마리 공룡 만들기

엄마 공룡

아빠 공룡

아들 공룡

할머니 공룡

할아버지 공룡

공룡 가족

촬영 및 편집하기

이제 포터블 스탠드를 이용하여 각 장면을 사진으로 촬영하고 Window movie maker에서 비오는 소리나 발자국 소리 등의 음향 오디오를 삽입하여 동영상 작업과 편집을 거쳐 스톱 모션 애니메이션을 완성해 보세요. 1억 년 전 멸종된 공룡들이 되살아나서 걸어갑니다!

비 오는 장면을 찍으려면 빗방울을 어떻게 처리해야 할까요? 우리 친구들은 클레이 점토로 물방울을 만들고 그것을 유리테이프에 붙여서 조금씩 내리면서 사진을 찍었어요. 여러분은 더 좋은 아이디어를 생각해 보세요. 공룡이 걸어가면서 발자국이 찍히게 하려면 어떻게 해야 할까요? 다양한 아이디어를 내는 것은 참 즐거운 일이지요?

미경이의 이야기

공룡을 한 발자국 한 발자국 움직이며 찍었는데 동영상으로 돌려보면 어색하게 끊어져서 움직이는 바람에 계속 다시 작업해야 했어요. 정말 힘들었지만 작품이 완성되었을 때 뿌듯했죠. 우리가 정말 잘 했구나 하고 모두 기뻐했어요.

이렇게 애니메이션을 제작하는 활동은 여러분의 아이디어에 세부적인 뼈와 살을 붙이는 능력이며, 탐구 활동 결과에 의거하여 새로운 계획을 세우고 자세한 단계를 만들어서 실행 가능한 것으로 만드는 정교성을 기르는 창의적인 활동이라고 할 수 있어요.

창의성이 발휘되기 위해서는 창의적이고자 하는 강한 동기, 즉 창의적인 과정 자체를 즐기고자 하는 마음이 있어야 하고요. 창의적 작업과 관련하여 우수함을 고수하려는 의지와 자기 훈련 관련 영역에 대한 지식도 있어야 해요. 무엇보다 중요한 자세는 깊이 몰입하여 노력하는 것! 잘 아셨죠?

공룡 가족 만들기

스톱 모션 기법 애니메이션 촬영하기

배경 꾸미기

호수 표현

공룡 발자국 표현

공룡 부부의 대화

뽀뽀하는 공룡 부부

물 마시는 공룡

우리들의 소감 한마디

사진 속 친구들

2009 진주여자중학교 청소년과학탐구반(YSC) 신미경, 우희승, 송혜승,
2010 경상대학교 영재교육원 초등과학반

한 번 더 짚어 보는 교과 관련 개념

조각류 공룡 조반목의 공룡 중에서 가장 원시적인 형태를 가진 아목.

화석 지각 내의 퇴적암 등의 암석 속에 보존되어 있는 과거 지질시대 동식물의 잔유물이나 특징 또는 흔적.

몰드 생물의 골격이나 형체는 없어지고 그 흔적만 남아 있는 화석.

암석 지각을 구성하고 있는 단단한 물질. 크게 화성암, 퇴적암, 변성암으로 나눔.

연흔 호숫가나 해안의 지층 표면에 새겨져 있는 물결 모양의 울퉁불퉁한 흔적. 지층의 퇴적 당시에 형성된 것으로 현재의 해안이나 강바닥의 모래땅 표면에서도 볼 수 있음.

건열 진흙 따위의 퇴적층이 말라서 거북이 등처럼 갈라진 틈. 지층 속에 그대로 남기도 하며, 퇴적 당시의 환경의 변화를 밝혀 줌.

속력 물체가 얼마나 빨리 움직이는가를 나타내는 양이며 속력이 크면 클수록 물체가 더 빨리 움직이고 있음을 의미함. 단위는 km/h, m/s, 거리/시간.

밀도 한 물질의 단위 부피 당 질량을 나타내는 값. 부피가 일정할 때, 밀도가 클수록 질량은 큼. 단위는 g/cm^3, kg/m^3.

쉬는 시간

선생님이 들려주는 모스크바 국립 동물원 이야기

러시아 여행 중 가장 인상 깊었던 것을 하나만 꼽으라면 저는 '새'를 꼽겠어요. 러시아 새의 특징은 날아다니지 않는다는 것! 세상에, 새들이 뛰어다녀요! 요즘에는 우리나라에서도 비둘기들이 돼지처럼 뚱뚱해져서 '돼둘기'라고 한다는 말을 들었는데 러시아에는 비둘기뿐 아니라 까마귀, 심지어 참새나 할미새들도 잘 날아다니지 않더군요. 시내의 연못에 놀고 있는 흰뺨검둥오리들이 나는 것을 잊어버렸거나 날개가 퇴화되었나 의심스러울 정도로 날지 않았죠. 참새들도 사람들에게 다가가 사람들이 주는 빵을 받아먹었어요.

새들은 날아갈 필요가 없었던 거예요. 러시아 사람들은 동물을 정말 사랑해요. 사람도 살기 힘든 좁은 아파트에 송아지 만한 개를 키운다고 하고 길고양이들이 포동포동한 나라가 러시아죠. 그래서 모스크바의 동물원은 항상 인산인해를 이루는데 한 러시아 아주머니가 동물

모스크바 동물원

원의 청둥오리를 들여다보며 "크라시바! (아름다워!) 크라시바!" 하고 감탄하는 모습은 정말 인상적이었어요.

러시아 전역에는 총 4개의 동물원은 있다고 해요. 그중 모스크바 동물원이 가장 큰 규모에 가장 오랜 역사를 가진 동물원이에요.

보유 종도 많아서 러시아 사람들은 남녀노소 할 것 없이 많이 찾는 곳이죠. 우리나라 동물원과의 차이점은 일상생활에서 흔히 볼 수 있는 주변의 생물들을 중심으로 동물원을 구성했다는 점이고요. 동물들이 살아가는 장소를 실제 장소와 똑같은 모형을 만들어서 함께 전시하고 있어요. 단순히 동물을 보고 즐기는 것이 목적이 아니라 적극적으로 그 동물에 대해 생각하거나 동물에 대한 학습을 할 수 있게 하며 생활 속에서 동물을 사랑할 수 있게 하는, 그런 '생각하는 동물원'이라고 하겠네요. 예를 들어, 도시에서 볼 수 없는 러시아 전통 시골집을 그대로 재현해 놓고 그 속에서 닭이 자라는 모습을 보여 주며, 동화책 속의 장면을 그대로 표현하여 등장 동물을 소개하고,

악어인 경우는 정글 늪의 어느 곳을 복제 전시하여 관람자가 정글에 있는 듯 생생하게 느낄 수 있도록 하고 있어요. 또 세계 각 대륙의 동물들을 서식 지역의 특성을 살려서 전시함으로써 자연의 한 구성원으로

서 동물이 그 환경에 적응하여 살아가고 있음을 학습하게 하고 있었어요. 특히 철새들이 마음대로 노닐 수 있게 한 아시아식 호수는 인상적이군요. 우리나라에서는 발자국 소리에도 날아가 버려서 사진을 찍을 수 없었는데 러시아에서는 마음껏 새 사진을 찍을 수 있어요. 러시아에서는 새들이 날아가지 않아요. 러시아 사람들이 워낙 동물을 사랑하니 새들이 날아가지 않아도 된다는 것을 알게 된 모양이에요.

레닌이 서거하면서 전쟁 생긴 고아들을 모아 보살핌과 동시에 그들을 교육시켜 생물학을 연구하게 하였다고 하는데요. 이 연구소가 그대로 동물원의 한 곁에 보존되어 있어요. 지금도 어린 학생들이 이곳에서 교육을 받고 있다고 하네요. 많은 박제 생물과 동물의 뼈, 동물 발자국 사진 등이 학생들의 교육 자료로 전시되어 있었어요. 이 생물학 연구소 출신들이 유명한 과학자로 성장하여 러시아 전역에서 활동하고 있고, 현재 후진 양성을 위해서도 노력하고 있다고 합니다. 이곳에서 탐구를 하고 있는 진지한 모습을 보고 있노라면 러시아가 과학 선진국으로서 세계 최초로 인공위성을 쏘아 올린 것이 결코 우연이 아니었음을 알 수 있었습니다.

생물학 연구소

3교시

어깨에 무리를 주지 않는 가방을 고안하라!

문제가 생겼어요. 과학 동아리 Girls Rising의 친구의 어깨가 뭉쳐서 병원에 갔더니 어깨에 무리가 있었기 때문이라는 진단이 나왔대요. 부모님께서는 요즘 가방 끈을 늘여 매는 것이 유행이라고 가방을 늘여 메고 다니더니 어깨에 무리가 간 것이라며 눈살을 찌푸리셨다고 해요. 과연 가방 끈을 늘여 메는 것이 어깨에 무리를 주는 걸까요?

어깨에 무리를 주는 가방

학교에 사물함이 있기는 하지만 시험 기간에는 교과서를 모두 들고 다녀야 하죠. 그런데다 새 교과서는 한 과목의 교과서도 너무나 무겁죠. 그렇다고 보기 싫게 가방을 메고 다니고 싶지는 않은 것이 여러분의 마음! 어떻게 하면 좋을까요? 자, 우리 Girls Rising과 함께 보기에도 예쁘고 어깨에도 무리를 주지 않는 가방을 고안해 봅시다.

Girls Rising은 과학실에 모여 앉아 문제 해결을 위한 실험 계획을 다음과 같이 세웠어요.

문제 해결을 위한 실험 설계

실험 1. 가방 끈의 길이가 어깨에 무리를 줄까?

가설 1. 가방 끈의 길이가 길수록 어깨가 받는 힘은 커질 것이다.

실험 2. 사람의 무게중심 찾기

가설 2. 사람의 무게중심에서 멀리 있는 물체를 들 때 힘이 더 많이 필요할 것이다.

실험 3. 가방 끈의 폭도 어깨에 영향을 줄까?

가설 3. 가방 끈의 폭이 넓을수록 어깨를 누르는 힘은 작아질 것이다.

실험 4. 보조 끈이 있는 것이 어깨에 영향을 줄까?

가설 4. 보조 끈을 달아서 가방 처짐을 막으면 어깨에 무리를 덜 줄 것이다.

실험 5. 가방 끈의 각도가 어깨에 영향을 줄까?

가설 5. 두 끈의 각도가 좁을수록 합력이 커져서 어깨에 무리를 덜 줄 것이다.

실험 6. 가방의 내부구조가 영향을 미칠까?

가설 6. 가방 바닥에 가벼운 것을 넣고 그 위에 책을 넣으면 가방의 무게중심이 올라가 힘에 이득이 있을 것이다.

실험 7. 가방 끈의 소재가 영향이 있을까?

가설 7. 가방 끈에 목 보호 솜을 부착하면 가방의 무게중심을 들어 올리고 가방 끈이 어깨를 누르는 힘이 분산되어 이득이 있을 것이다.

그리고 각 실험의 의문마다 가설을 설정했어요. 그런 다음 각 가설을 검증하기 위해 실험을 했죠.

1. 이렇게 실험해요

실험 1. 가방 끈의 길이가 어깨에 무리를 줄까?

■ **가설 1.** 가방 끈의 길이가 길수록 어깨가 받는 힘은 커질 것이다.

가방 끈의 길이가 길수록 어깨가 받는 힘이 커질 듯 한데 어떻게 증명할 수 있을까요?

이 문제를 해결하기 위해서 꼭 알아야 할 지식은 무엇일까요?
Girls Rising은 먼저 지레의 원리를 알아보았습니다.

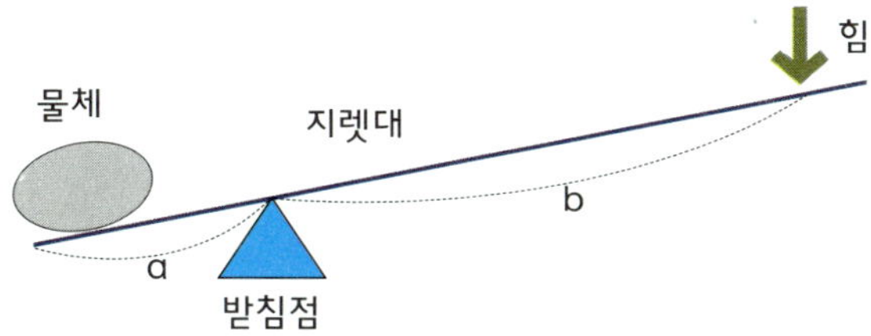

지레의 원리

무게가 W인 물체를 들어 올리는 힘은 W죠. 만약 받침점을 기준으로 a(물체-받침점):b(받침점-힘점)로 나눈 지렛대를 이용하여 물체를 들어 올리면 힘은 W의 a/b 로 줄어들어 b(받침점-힘점)의 길이가 길수록 힘에 이득을 보게 됩니다. 이것이 지레의 원리죠.

$$F=W\times\frac{a}{b}$$

만약 가방의 무게중심에서 어깨에 가방 끈이 닿는 곳까지를 가방 끈의 길이로 둔다면 등쪽 가방 끈이 어깨에 닿는 곳에서 앞쪽 가방 끈이 어깨에 닿는 곳까지, 즉 어깨의 폭이 일정할 때 등쪽 가방 끈의 길이(즉, 위의 지레의 원리에서는 아래 그림처럼 물체부터 받침점까지의 길이(a))가 길수록 어깨가 받는 힘은 커지게 될 것입니다.

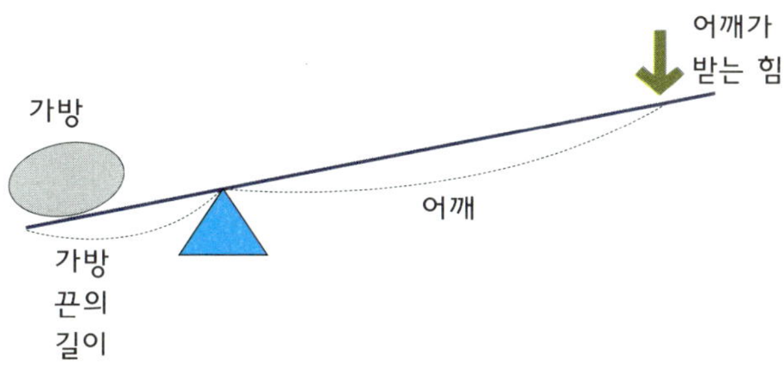

가방에서 지레의 원리

이제 실험을 해 볼까요? 500g의 추를 가방의 모형으로 생각하고 가방 끈의 길이가 길수록 어깨가 받는 힘이 커지는지 지레의 원리를 실험해 보았어요.

실험 방법

★ 가방 끈의 길이: 가방의 무게중심에서 어깨에 가방 끈이 닿는 곳(받침점).

★ 어깨의 폭: 어깨에 등쪽 가방 끈이 닿는 곳에서 앞쪽 가방 끈이 어깨에 닿는 곳.

★ 가방의 모형인 추(500g)를 받침점에서 차츰 멀어지게 하며 받침점에서 일정한 거리의 위치(10.5cm)에서 추를 들어 올리는 힘을 측정하여 비교(보다 정확한 결과를 위해 이를 10회 반복하고 평균).

실험 2. 사람의 무게중심 찾기

■ **가설 2.** 사람의 무게중심에서 멀리 있는 물체를 들 때 힘이 더 많이 필요할 것이다.

가방을 드는 힘은 사람의 무게중심과 관련이 있을 것 같아요. 그래서 Girls Rising은 무게중심에서 멀리 떨어질수록 힘이 더 많이 필요할 것이라는 가설을 세웠는데 어떻게 사람의 무게중심을 찾아야 할까요? Girls Rising의 실험 방법을 볼까요? 어딘가 좀 어색해 보이는 부분도 있네요. 여러분이 찾아서 수정해 보세요.

실험 방법

★ 봉 위에 모눈 칠판을 올리고 모눈칠판이 수평이 되도록 만들고 그때의 봉의 위치를 모눈칠판의 눈금에 분필로 기록해 둔다.

★ 수평으로 된 모눈 칠판 위에 중학생 표준 체형의 학생(Girl 1)이 눕는다.

★ 실험 Girl 1이 누웠을 때 모눈칠판 수평이 될 때까지 몸을 위아래로 조금씩 움직인다.

★ 수평이 되었을 때 모눈 칠판의 눈금과 겹치는 실험 학생의 몸 위치를 표시한다. (이것이 무게중심)

★ 하체는 비슷하나 상체가 표준보다 큰 학생과 상체는 비슷하나 하체가 표준보다 큰 학생을 골라 같은 실험을 반복하고 몸의 무게중심을 찾는다.

★ 쪼그리고 앉아 가방을 등에 바짝 멨을 때와 쿠션을 가방과 등 사이에 넣어 가방을 몸에서 멀게 했을 때 뒤로 넘어가지 않게 당기는 힘의 크기를 용수철저울로 측정한다.

몸에서 가방이 멀어지면 몸을 지탱하기 힘들어질까?

실험 3. 가방 끈의 폭도 어깨에 영향을 줄까?

■ **가설 3.** 가방 끈의 폭이 넓을수록 어깨를 누르는 힘은 작아질 것이다.

세 번째는 가방 끈의 폭이 넓을수록 어깨에 무리를 덜 줄 것 같다는 Girls Rising의 가설입니다. 정말 그런지 실험으로 알아볼까요?

압력은 단위 면적 당 누르는 힘의 크기로 나타내죠?

$$p = \frac{\text{누르는 힘}}{\text{힘을 받는 면적}}$$

삼각 플라스크에 물을 가득 채우고 고무마개로 물이 흐르지 않게 잘 막으세요.

스펀지에 똑바로 세운 삼각 플라스크를 (넓은 면이 스펀지에 닿도록) 올려 놓아요. 스펀지가 눌린 길이를 측정해 보세요. 이 플라스크를 거꾸로 세워서 (좁은 면이 스펀지에 닿도록) 같은 방법으로 실험해 봅시다. 결과가 어떻게 나오나요?

실험 4. 보조 끈이 있는 것이 어깨에 영향을 줄까?

■ **가설 4.** 보조 끈을 달아서 가방 처짐을 막으면 어깨에 무리에 덜 줄 것이다.

그리고 네 번째 가설은 보조끈을 달아서 가방을 올려 주면 어깨에 무리를 덜 주게 될 것이라는 Girls Rising의 예상이네요. 정말인지 친구들의 의견을 수렴해 봅시다. 가방의 아래쪽 주머니와 지퍼 쪽 천을 끈으로 연결하여 앞 보조 끈과 뒤 보조 끈을 부착합니다. 앞 보조 끈과 뒤 보조 끈 부착 후 가방 끝과 배꼽까지의 길이를 측정합니다. 그리고 보조끈 사용 전후의 가방 느낌을 친구들에게 묻는 인터뷰를 하여 기록합니다.

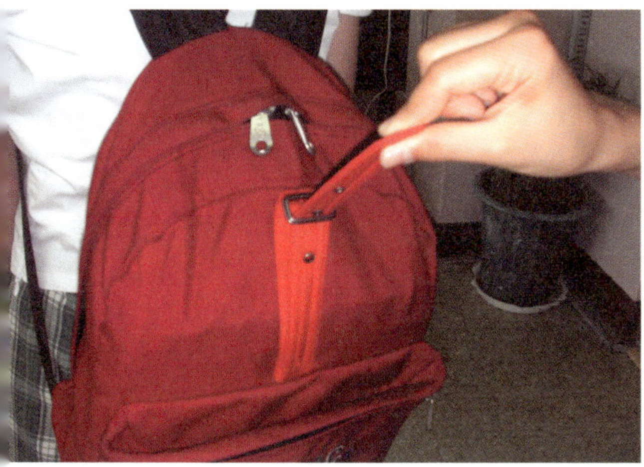

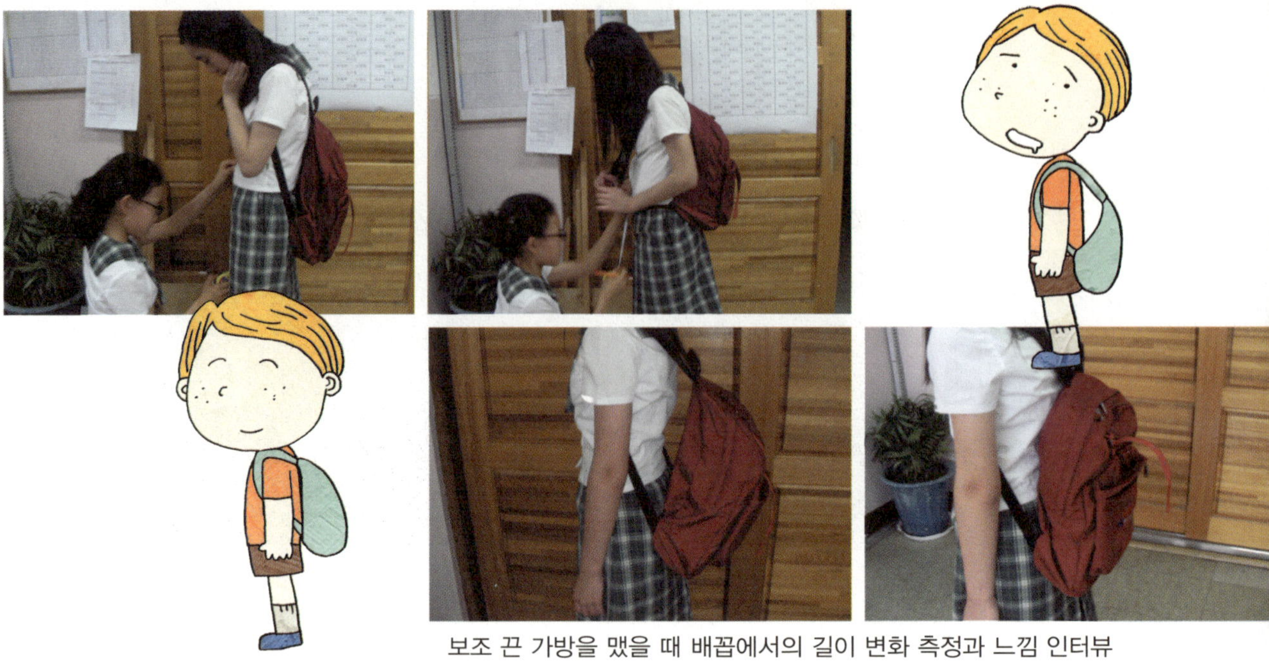

보조 끈 가방을 맸을 때 배꼽에서의 길이 변화 측정과 느낌 인터뷰

실험 5. 가방 끈의 각도가 어깨에 영향을 줄까?

■ **가설 5.** 두 끈의 각도가 좁을수록 합력이 커져서 어깨에 무리를 덜 줄 것이다.

다섯 번째의 가설은 가방 두 끈의 각도를 좁히면 어깨에 무리가 덜하지 않을까 하는 Girls Rising의 예상입니다.

나란하지 않은 두 힘은 평행사변형 법으로 다음과 같이 합성할 수 있죠.

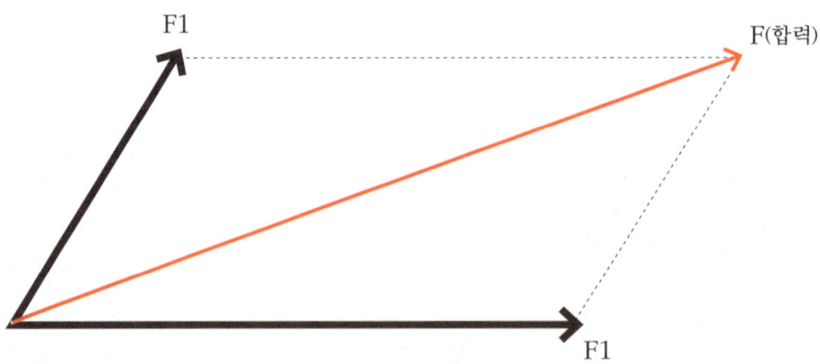

힘의 합성

가방의 무게중심에서 어깨로 작용하는 두 가방 끈 사이 각도를 다르게 했을 때의 합력의 차이를 비교하기 위하여 용수철저울로 측정한 임의의 두 힘의 각도를 다르게 하며 그 합력을 비교해 봅니다.

실험 6. 가방의 내부구조가 영향이 있을까?

■ **가설 6.** 가방 바닥에 가벼운 것을 넣고 그 위에 책을 넣으면 가방의 무게중심이 올라가 힘에 이득이 있을 것이다.

여섯 번째 가설은 가방의 무게중심을 위로 올려 주면 덜 무겁게 느껴질 것이라는 Girls Rising의 생각입니다. 등산 가방을 꾸릴 때 내용물 중 무거운 것을 위로 올리면 훨씬 가벼워지죠? 다음과 같이 가방 속 바닥 쪽에 에어팩을 부착한 후 같은 무게의 책을 넣었을 때의 에어팩이 없는 가방과 비교해 봅시다.

에어팩 가방

비교는 다음과 같은 간단한 설문지를 작성하여 친구들에게 설문하고 취합하여 분석합니다.

활동지 **에어팩 부착 가방 설문지**

1. 에어팩 가방이 다른 가방보다 더 가볍게 느껴지나요? □ 예 □ 아니오 □ 잘 모르겠다
2. 에어팩 가방이 어깨에 무리를 덜 준다고 생각하나요? □ 예 □ 아니오 □ 잘 모르겠다

실험 7. 가방 끈의 소재가 영향이 있을까? - 목 보호 솜 가방

■ **가설 7.** 가방 끈에 목 보호 솜을 부착하면 목을 보호하며 가방의 무게중심을 들어 올리고 가방 끈이 어깨를 누르는 힘이 분산되어 이득이 있을 것이다.

일곱 번째 가설은 가방 끈에 목 보호 솜을 부착하면 훨씬 어깨에 무리가 덜 가게 될 것이라는 Girls Rising의 생각입니다. 이 생각이 옳은지 보기 위해 그림과 같은 목 보호 솜을 제작하여 가방 끈에 부착하고, 부착 전과 후의 가방 끈의 폭, 배꼽에서 가방 끝까지의 길이, 두 가방 끈 사이 각도(각도는 끈의 연장선을 가방에 분필로 그리고 만나는 점에서 두 선이 이루는 각도를 측정하세요), 착용 느낌을 비교해 봅니다.

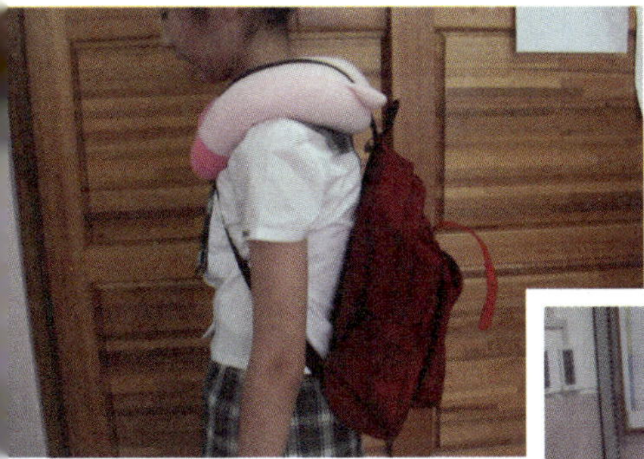

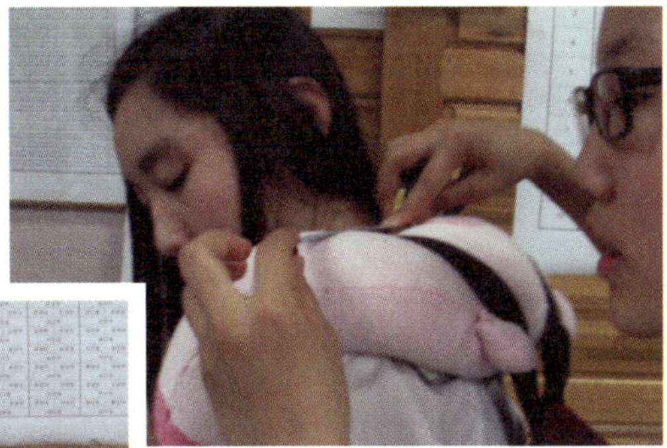

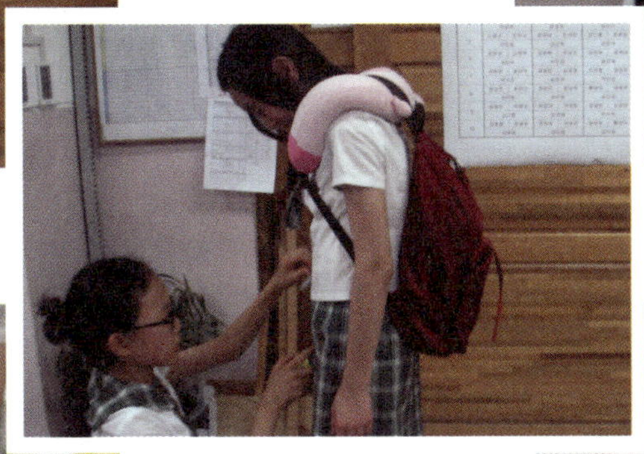

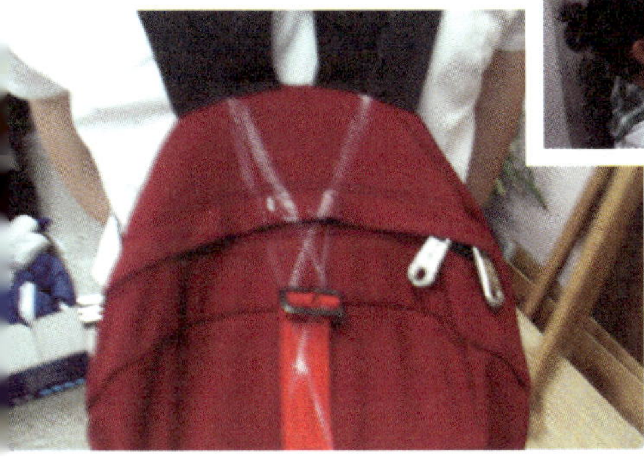

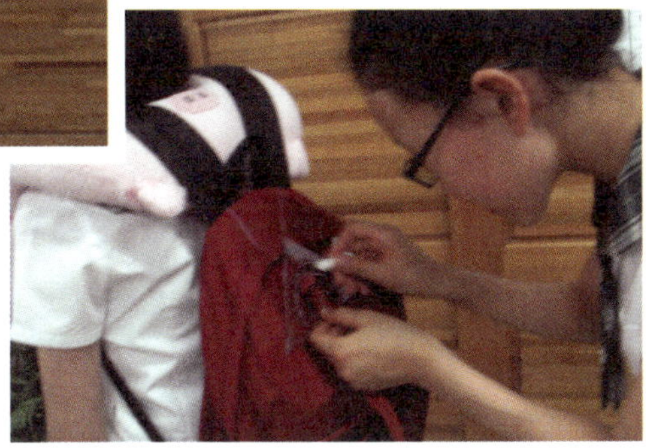

배꼽에서 가방 끝까지의 길이, 가방 끈의 폭, 두 가방 끈 사이의 각도를 측정

비교는 간단한 설문지를 작성하여 친구들의 의견을 취합하고 분석합니다.

활동지 **목 보호 솜 부착 가방 설문지**

1. 목 보호 솜 가방이 다른 가방보다 더 가볍게 느껴지나요? ㅁ 예 ㅁ 아니오 ㅁ 잘 모르겠다
2. 목 보호 솜 가방이 어깨에 무리를 덜 준다고 생각하나요? ㅁ 예 ㅁ 아니오 ㅁ 잘 모르겠다
3. 목 보호 솜 가방에 대해서 어떻게 생각하는지 솔직히 써 주세요.

2. 실험 결과는 이렇게 처리해요

그리고 드디어 Girls Rising은 가설 실험으로 다음과 같은 결과를 얻었어요.

실험 1의 결과 - 가방 끈의 길이

다음의 표와 같이 어깨가 받는 힘은 어깨에서 책가방의 무게중심까지 가방 끈의 길이에 따라 10회 측정하여 평균과 표준편차를 구했죠? 그리고 표를 그래프로 바꾸었죠? 여러분도 이렇게 해 보세요. 그리고 그 아래에 그래프를 해석하여 글로 써 줍니다.

가방 끈의 길이에 따른 어깨가 받는 힘

(어깨 길이 10.5cm, 가방 무게 500g)

어깨가 받는 힘(N) / 가방 끈 길이(cm)	1회	2회	3회	4회	5회	6회	7회	8회	9회	10회	평균	표준편차
3.5	1.0	1.2	1.2	1.2	1.0	1.2	1.0	1.0	1.2	1.0	1.10	0.20
7.0	2.8	2.8	3.0	2.8	2.8	2.8	2.8	2.8	2.8	2.8	2.82	0.10
10.5	4.4	4.4	4.4	4.4	4.6	4.4	4.4	4.4	4.4	4.2	4.40	0.09
14.0	6.0	6.2	6.0	6.2	6.0	6.2	6.0	6.0	6.0	6.2	6.08	0.06
17.5	8.0	7.4	7.8	7.8	7.8	7.6	8.0	8.0	8.0	7.8	7.82	0.11

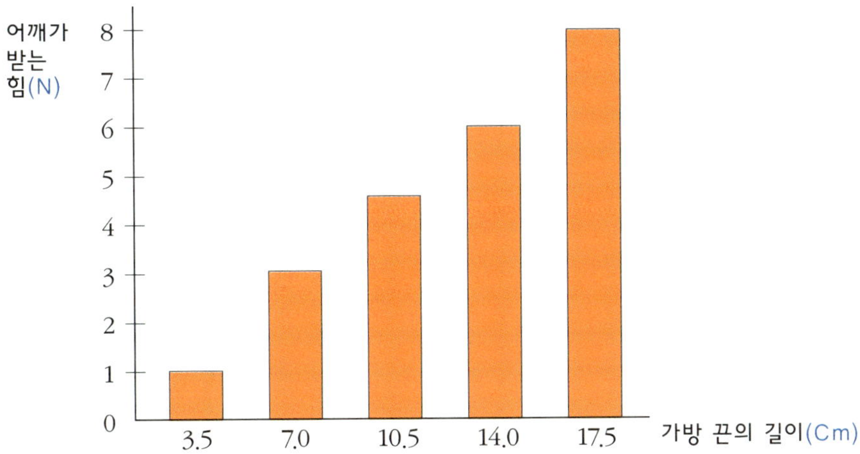

가방 끈의 길이와 어깨가 받는 힘의 관계

실험 결과

- ★ 모형 가방(추)의 무게는 500g은 4.9N이다. 어깨 폭과 가방 끈의 길이가 같은 10.5cm일 때 무게와 비슷하게 어깨는 힘을 받는다.
- ★ 10.5cm보다 가방 끈의 길이가 길어질수록 어깨가 받는 힘의 크기는 현저하게 증가한다.
- ★ 가방 끈이 7.0cm일 때는 2.82N, 3.5cm일 때는 1.1N 등 가방 끈이 짧을수록 현저하게 적은 힘이 사용된다.
- ★ 등 쪽 가방 끈을 짧게 할수록 어깨가 받는 부담을 줄일 수 있다.

실험 2 의 결과 – 몸의 무게중심

중학교 여학생의 표준 체형을 가진 학생의 무게중심은 몸이 수평이 되었을 때 모눈 칠판의 눈금이 배꼽에서 몇 센티 내려갔는지 측정해 보았죠. 배꼽에서 약

1.8cm 떨어진 곳에 있네요. 하체의 부피가 큰 학생은 표준보다 좀 더 아래쪽에 상체의 부피가 큰 학생은 표준보다 약간 위쪽에 무게중심이 있군요. 측정치를 표로 나타내고 알게 된 점을 기록하였습니다.

중학교 여학생 몸의 무게중심

체형	무게중심
표준체형의 여학생	배꼽 아래쪽 1.8cm
하체의 부피가 좀 더 큰 여학생	배꼽 아래쪽 2.2cm
상체의 부피가 좀 더 큰 여학생	배꼽 아래쪽 1.5cm

무게중심으로부터의 거리에 따른 힘

거리(cm)	힘(N)
0	16N
11	21N

실험 결과

★ 가방 끈을 늘리면 사람의 무게중심 면적을 많이 벗어나게 되어 같은 무게의 가방이라도 무겁게 느껴지고, 그로 인해 무게중심을 잡기 위해 몸에 더 많은 부담이 생긴다.

★ 가방이 사람의 무게중심을 벗어나지 않도록 몸의 무게중심인 배꼽 근처에 가방을 밀착시키는 것이 유리함을 알 수 있다.

★ 기능성 가방은 대개 11자형이 아닌 U자형 끈을 사용하고 있다. 이는 가방이 등에 완벽하게 밀착되어 뒤로 무게가 쏠리지 않도록 하고, 최대한 가방의 무게를 인체의 무게중심 면적에 가깝게 하겠다는 의도다. 사람의 척추뼈 모양을 따라 가방의 등판을 S라인으로 만든 것도 같은 이유다.

실험 3의 결과 – 가방 끈의 폭

누르는 힘이 같을 때 힘을 받는 밑면적이 좁을수록 스펀지가 눌리는 깊이가 깊어지죠. 그러니까 가방 끈의 폭이 넓을수록 압력이 적어진다는 말입니다. 따라서 가방 끈의 폭을 넓게 하여 가방의 무게를 분산시키는 것이 어깨에 유리하다는 것을 알 수 있습니다.

힘을 받는 밑면적에 따른 압력

삼각 플라스크 상태 (가방 끈의 폭)	스펀지가 눌리는 깊이 (어깨가 받는 힘)
똑바로 세워 놓았을 때 (가방 끈의 폭이 넓을 때)	0.06cm
거꾸로 세워 놓았을 때 (가방 끈의 폭이 좁을 때)	1.73cm

실험 4 의 결과 – 보조 끈의 효과

가방이 무거울 경우 가방이 아래로 처지거나 한쪽으로 몰려 가방의 모양이 늘어지게 되죠. 보조 끈을 활용하여 이러한 가방의 처짐을 막으니 가방의 무게중심을 배꼽 근처로 올릴 수 있어 많은 학생들이 어깨가 가벼워지는 느낌이라고 답하였네요.

보조 끈 부착 가방에 대한 인터뷰 결과

(단위: 명, N= 40)

보조 끈 미 부착				보조 끈 부착			
긍정적인 대답		부정적인 대답		긍정적인 대답		부정적인 대답	
익숙하다	1	끈이 딱딱하다.	5	어깨가 약간 가벼워졌다.	5	답답하다.	1
		어깨가 눌리는 느낌이다.	12	편하다.	9		
		뒤로 쏠리는 느낌이다.	10	뒤로 쏠리는 느낌이 줄었다.	4		
편하다	1	허리가 아프다.	3	허리 아픔이 줄었다.	3	체형에 맞지 않으면 힘들 것 같다.	3
		어깨가 약간 아프다	4	어깨가 아프지 않다.	7		
		뒤로 넘어질 것 같다.	4	뒤로 넘어질 것 같지 않다.	8		
계	2	계	38	계	36	계	4

앞 보조 끈과 뒤 보조 끈과 두 보조 끈의 효과

	배꼽에서 가방 끝까지 길이
보조끈 없을 때	29.0cm
앞 보조 끈	24.5cm
뒤 보조 끈	14.0cm
앞, 뒤 두 보조 끈	10.0cm

실험 5 의 결과 – 가방 끈 둘의 각도

가방 끈 둘의 각도가 작을수록 합력이 커졌네요. 가방 끈 둘의 사이각도를 최대한 줄이면 힘이 덜 든다는 것을 알 수 있어요.

가방 끈의 각도와 힘의 관계

(F1= 15N, F2=15N 일 때)

각도(°)	합력(N)										
	1회	2회	3회	4회	5회	6회	7회	8회	9회	10회	평균
30	45.5	46.5	47.5	45.5	40.5	48.5	46.5	47.5	48.5	49.5	46.60
45	36.5	37.5	38.5	37.5	35.5	34.5	38.5	35.5	38.5	37.5	37.00
60	29.5	28.5	27.5	26.5	25.5	27.5	28.5	27.5	28.5	26.5	27.60
90	21.0	22.0	23.0	24.0	25.0	25.0	24.0	26.0	27.0	24.0	24.10
120	16.0	15.5	17.5	18.0	16.0	17.0	15.5	17.5	18.5	18.0	16.95

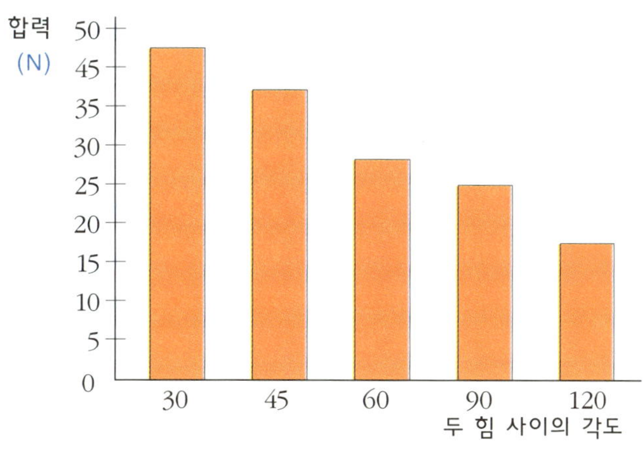

나란하지 않은 두 힘 사이 각도와 합력

실험 6의 결과 – 가방의 내부구조

가방 속 아래에 에어팩을 넣고 그 위에 책을 넣은 책가방을 다른 책가방과 비교해 달라고 친구들에게 부탁했더니 많은 친구들이 에어팩이 든 책가방이 더 가볍게 느껴지고 어깨에 무리를 주지 않는다고 판단했어요. 아마도 에어팩을 가방 바닥에 두면 가방의 무게중심을 몸의 무게중심 쪽으로 당겨 주는 효과가 있어 가방이 가볍게 느껴지나 봅니다.

에어팩의 효과에 대한 인식 조사 결과

(단위: 명(%), N= 40)

	예	아니오	잘 모르겠다
1. 에어팩 가방이 다른 가방보다 가볍게 느껴지나요?	22(55%)	12(30%)	6(15%)
	예	아니오	잘 모르겠다
2. 에어팩 가방이 어깨에 무리를 덜 준다고 생각하나요?	28(70%)	8(20%)	4(10%)

실험 7의 결과 – 가방 끈의 소재

목 보호 솜을 가방 끈에 단 가방과 같은 무게의 다른 가방을 맨 느낌을 친구들에게 물었을 때 역시 친구들은 목 보호 솜 가방이 더 가볍게 느껴지고(57.5%), 어깨에 무리가 덜 온다(72.5%)고 긍정적으로 평가해 주었군요.

목 보호 솜 가방의 효과에 대한 설문 조사 결과

(단위: 명(%), N= 40)

질문	예	아니오	잘 모르겠다
1. 목 보호 솜 가방이 다른 가방보다 더 가볍게 느껴지나요?	23(57.5)	6(15.0)	11(27.5)
2. 목 보호 솜 가방이 어깨에 무리를 덜 준다고 생각하나요?	29(72.5)	8(20.0)	4(10.0)

응답 내용	구분	인원
어깨에 푹신한 것을 받치니 뭔가 더 편안하다.	긍정적인 답변 31 (77.5%)	4명 (10%)
갑자기 뒤에서 누군가가 가방을 들어 주는 듯한 느낌이 들었다.		6명 (15%)
끈만 매고 있으면 어깨에 딱딱한 것이 올라가 있는 느낌이고 불편했지만, 받침대를 대니까 부드럽고 촉감이 좋았다.		7명 (17.5%)
가방의 무게가 갑자기 가벼워진 것 같았다. 신기하다.		6명 (15%)
가방이 축 쳐졌었는데 받침대의 부피가 있어서 그런지 가방이 좀 올라온 것 같았다. 어깨에 부담이 덜 가는 것 같다.		3명 (7.5%)
가방이 더 등에 잘 밀착되는 것 같다. 가방 뒷면에도 납작한 에어팩이 달리면 좋겠다.		5명 (12.5%)
가방이 가벼워진 것 같기는 하지만 어깨에 받침대 있는 끈을 하니까 갑갑해서 더 불편하다.	부정적인 답변 9 (22.5%)	3명 (7.5%)
어깨에 주는 부담은 덜어 주었지만, 조금 더웠다.		2명 (5%)
받침대가 너무 커서 목이 조금 아팠다.		2명 (5%)
체형에 따라 받침대의 크기나 모양이 달라져야할 것 같다. 체형이 맞지 않는 사람이 쓰면 오히려 몸이 불편하다.		2명 (5%)

이것은 목 보호 솜을 달았을 때 두 끈의 각도를 작게 하며(50°→20°) 끈의 폭은 넓게 하여 같은 무게의 가방이라도 어깨가 압력을 덜 받게 하고, 배꼽 가까이로 가방의 무게중심을 올려 주는 효과가 있기 때문이겠죠. 또한 목을 감싸 목을 편안하게 하기 때문이기도 할 거예요. (긍정적인 설문 결과 77.5%)

목 보호 솜 가방의 효과

	두 끈 사이 각도	끈의 폭	배꼽에서 가방 끝까지 길이
목 보호 솜 부착 전	50°	5.5cm	25.5cm
목 보호 솜 부착 후	20°	13.0cm	16.0cm

그리하여 Girls Rising은 다음과 같이 결론을 내립니다.

3. 결론이 나왔군요!
어깨에 무리를 주지 않는 가방은?

결론

★ 등 쪽 가방 끈의 길이가 짧아야 어깨에 무리를 주지 않는다.

★ 사람의 무게중심은 배꼽 주변에 있으며 그 부분에 가방이 밀착되어야 한다.

★ 가방 끈의 넓이가 넓을수록 같은 무게의 가방이라도 어깨가 압력을 덜 받는다.

★ 앞 보조 끈과 뒤 보조 끈이 있으면 가방이 몸의 무게중심에 밀착하며 등 쪽 가방 끈이 짧아지는 효과로 어깨에 무리를 덜 주는 것으로 느끼며 가방이 가볍다고 느낀다.

★ 가방에 달린 두 끈의 각도가 좁을수록 두 끈이 작용하는 합력이 커져서 어깨에 무리를 덜 준다.

★ 가방 내부의 아래쪽에 에어팩을 부착하면 가방의 무게중심이 몸의 무게중심에 가까워지므로 가방이 가볍게 느껴지고 어깨에 무리를 덜 준다.

★ 가방 끈에 목 보호 솜을 부착하면 가방 끈의 넓이가 넓어지고 가방 끈 사이 각도가 좁아지고, 가방의 무게중심이 몸의 무게중심으로 가까이 올라가게 되며, 어깨에 가해지는 압력이 분산되므로 가방이 가볍게 느껴지고 어깨에 무리를 덜 준다.

이러한 결론을 바탕으로 Girls Rising은 최종 가방 모델을 제안하기 위해 다음과 같이 밖으로 나가 판매되고 있는 가방의 실태를 조사했죠. 가방 전문점 직원에게 인터뷰도 하고요.

• **인터뷰 장소**

○○○○ 백화점 등산용품점 및 기능성 가방점

• **인터뷰 방법**

○○○○ 백화점 등산용품점 및 기능성 가방점 판매 직원과 면담을 한다.

• **인터뷰 내용**

Q 가방이 몸에 잘 밀착되려면 어떻게 가방을 제작해야 할까요?

A 우선 저희 등산가방은 가방을 등에 밀착시키기 위해 이런 방법을 쓰고 있어요. 척추라인으로 가방과 등 사이의 공간을 최대한 없앴고, 가슴 끈, 허리 끈을 이용하여 몸에 착 달라붙도록 했어요. 한번 매 볼래요?^^

Q 등교를 하면서 그것을 잡고 가면 불편할 수 있으니까, 책가방에는 손으로 잡을 필요가 없도록 고리로 걸게 만들면 좋겠군요. 〉.〈 히히.

A 아!! 좋은 생각이네요^^ 참! 이건 참고로 알아 두면 좋을 것 같네요. 등산을 할 때 가방에 물건을 넣을 때 말이에요. 무거운 물건보다 가벼운 물건을 먼저 아래에 놓고 무거운 것을 위에 두면 가방이 더 가볍게 느껴져요. 무거운 게 위에 있으니까 무게중심이 위로 올라가기 때문이지요. 혹시 이것도 도움이 될까 싶네요.

Q 그럼, 책가방을 만들 때에도 에어팩 같은 것을 아래에 먼저 깔고 책을 올리면 더 가볍게 느껴질 수도 있다는 건가요?

A 그렇죠! 그런데 그런 아이디어를 생각해 내다니! 대단해요 ^^ 실험 잘 마무리하길 빌어요~

Q 감사합니다(--)(_ _)꾸벅

Girls Rising은 결론과 시장조사를 바탕으로 최종적으로 다음과 같이 어깨에 무리를 주지 않는 가방 고안 및 제작을 할 수 있었습니다.

어깨에 무리를 주지 않는 가방 고안

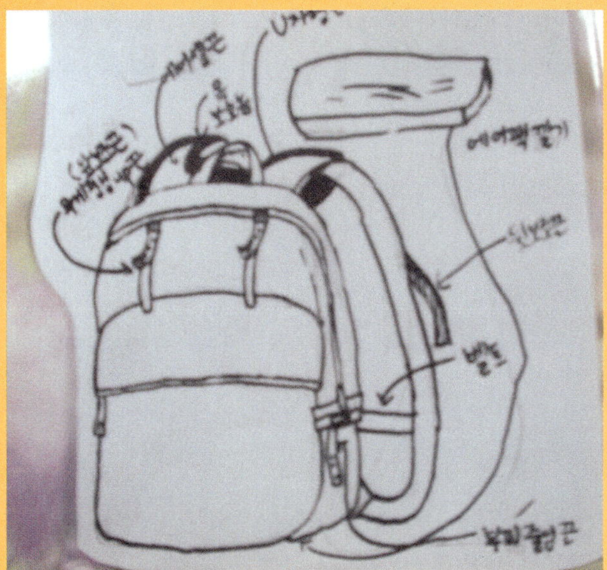

★ 배꼽 주변에 벨트를 달아 묶어 주어 가방을 맸을 때 등에 밀착되게 한다.

★ 앞뒤에 보조 끈을 달아 무게로 쳐진 가방의 무게중심을 몸의 무게중심 쪽으로 올리는 효과를 준다.

★ 가방 내부의 아래쪽에 에어팩을 부착하여 가방의 무게중심을 몸의 무게중심 쪽으로 올려 주어 가방이 가볍게 느껴지게 한다.

★ 어깨 보호 솜을 가방 끈에 달아 두 끈의 각도를 작게 하며 끈의 폭을 넓게 하여 같은 무게의 가방이라도 어깨가 압력을 덜 받게 하며 가방의 무게중심을 몸의 무게중심 가까이 올려 주는 효과를 주어 힘에 이득을 준다. 또한 목을 감싸 편안하게 한다.

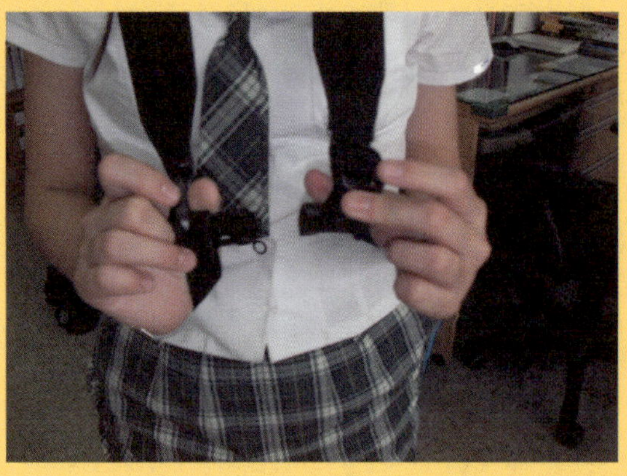

1. 길이를 조절할 수 있는 벨트를 단다.

2. 앞 보조 끈과 뒤 보조 끈을 단다.

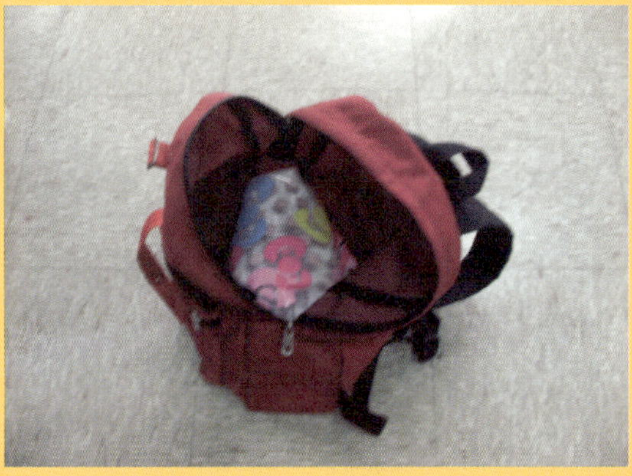

3. 에어팩을 가방의 바닥에 부착한다.

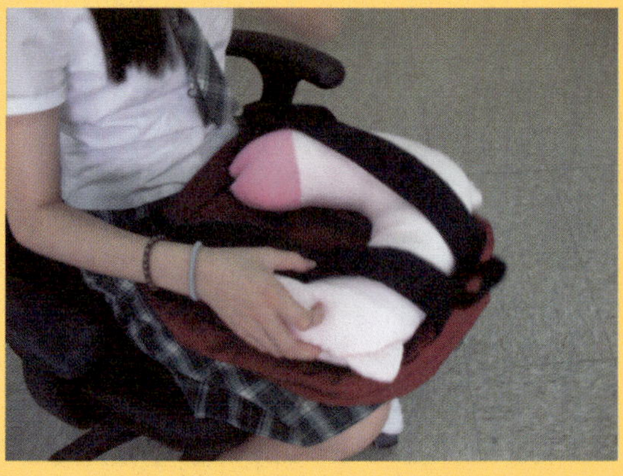

4. 어깨 보호 솜을 가방 끈에 부착한다.

4. 발표-광고 UCC 만들기

제작한 가방을 많은 사람들에게 광고해 볼까요?

연구 과정을 간단한 꽁트로 꾸밀 수 있죠. 〈가방송〉이라는 홍보 광고 노래도 만들고요. 그렇게 멋진 가방 광고 UCC를 만드는 거예요.

어때요, 여러분도 여러분만의 창의적인 가방을 만들어 보고 싶지 않으세요?

가방송 UCC

우리들의 소감 한마디

사진 속 친구들

2009 진주여자중학교 창의력 동아리 Girls Rising 정찬인, 김경민, 김민경, 강채원

한 번 더 짚어 보는 교과 관련 개념

지레의 원리 한 점 C에서 받쳐진 막대기의 점 B에 무게 W를 들어 올릴 때 다른 한 점 A에 힘을 가해서 막대기를 균형 잡히게 할 때 힘은 W×BC/AC와 같은 관계가 있다는 법칙. 따라서 AC를 BC보다 충분히 길게 하면 작은 힘으로 무거운 것을 받치거나 들어 올릴 수 있다. 이 법칙은 아르키메데스가 발견하였다고 전해짐. 펌프, 스패너 따위에 광범위하게 적용됨.

무게중심 어떤 도형의 각 부분이 같은 질량을 가졌다고 가정할 때, 질량의 중심에 일치하는 점.

압력 두 물체가 접촉면을 경계로 하여 서로 그 면에 수직으로 누르는 단위 면적에서의 힘의 단위. 압력=누르는 힘/밑면적.

힘의 합성 한 점에서 다른 방향으로 작용하는 두 힘의 합력. 힘의 평행사변형에서 대각선으로 표시하여 얻는다.

쉬는 시간
선생님이 들려주는 물질 이야기

만남과 헤어짐

어떤 사람은 만남을 못해 외로워하고 또 어떤 사람은 이별을 못해 괴로워합니다. 그 답을 물질의 세계에서 찾아보고자 합니다.

먼저 물 분자에게 한번 물어볼까요?

통역해 드리겠습니다. 물 분자는 이렇게 말하는군요.

"만남은 신나는 일이지만, 이별은 너무나 힘드는 일이에요."

물 분자들이 만나서 얼음이 되는 것은 아주 많은 열이 발생하는 반응입니다. 에스키모인들은 이글루에 물을 뿌려서 물이 얼음이 될 때 발생하는 열로 방안을 후끈하게 데우지요. 반면 물 분자를 헤어지게 해서 수증기로 만들려면 많은 열을 가해 주어야 하지요.

물질의 분자들은 열나게 결합합니다. 실험실에서 산화칼슘을 깡통에 넣고 물을 조금 넣어 보세요. 산화칼슘이 물과 만나 수산화칼슘이 될 때 폭발적인 열이 발생합니다. 산화칼슘과 물 같은 만남을 가히 뜨거운 만남이라고 할 만하지요. 선생님은 산화칼슘과 물이 합궁하고 있는 깡통 위에 알루미늄 접시를 올리고 그 위에서 계란을 반숙으로 익혀 먹었던 기억도 가지고 있습니다.

여러분은 개구리가 파리는 잡아먹으면서 딱정벌레는 왜 먹지 않는가 하고 궁금해한 적 없나요? 딱정벌레가 어느 날 실험실에 날아들어서 화학 공부를 하고 물질이 결합할 때 열이 발생한다는 것을 깨쳤는지도 모릅니다. 딱정벌레는 등을 자극하면 하이드로퀴논을 퀴논으로 만들면서 항문으로 뜨거운 증기를 30회 정도 연속으로 분사한다고 합니다. 입술 표피가 얇은 개구리는 딱정벌레를 물었다가도 뜨거워서 뱉어낼 수밖에 없지요.

최근 모 연예인 커플이 서로 뜨겁게 만난다고 질투어린 말들이 많은 것을 보았는데, 말이 많은 이유를 모르겠습니다. 만물이 결합할 때 뜨거워지는 것은 당연한 일인데 말입니다.

반면 물질을 이루는 분자들이 결합을 끊을 때는 반드시 열을 댓가로 지불해야 합니다. 주변의 열까지 흡수하여 주변이 싸늘해지지요. 상처의 열을 식히는 파스를 보세요. 부직포 아래에는 질산암모늄에 얇은 물주머니가 있는데 부직포를 떼어내는 자극으로 물주머니가 터져서 질산이온과 암모늄이온으로 이별하게 됩니다. 이 때 많은 열을 흡수하기 때문에 상처의 열이 식게 되는 원리죠. 흔한 예로 물 분자들이 이별하고 수증기로 되어 공기 중으로 뿔뿔이 증발하면 여름철 마당이 서늘해지는 것을 보아도 알 수 있지요. 자신이 가진 에너지를 쏟아내어 사랑한 후에 이별을 하고 싸늘해진 사람들을 생각해 보면 그 모습 또한 물질의 세계와 다르지 않음이 놀랍지 않은지요.

"만남은 신나는 일이지만 이별은 너무나 힘드는 일이에요." 라고 한 물 분자의 말이 너무나 지당하다는 생각입니다.

투명과 불투명

냉커피를 타다가 설탕가루를 넣는다는 것이 그만 버터가루를 넣고 말았습니다.

같은 흰 가루이지만 커피를 타는 데 버터를 넣는 실수는 치명적입니다. 설탕은 덩어리여도 물에 녹지만 버터는 아무리 가루로 만들어 섞어도 절대 녹지 않기 때문이지요.

설탕이 물에 녹는 이유는 설탕 분자끼리 결합하는 힘보다 설탕이 무질서해지려는 힘과 물과 설탕이 서로 당기는 힘이 더 강하기 때문입니다. 또한 버터가 물에 녹지 않는 이유는 자기네들끼리 결합하는 힘이 물과 버터의 몸이 서로 당겨 섞이려는 힘보다 월등히 크기 때문입니다.

느끼한 이 버터는 변하지 않는 사람들의 사고방식 같은 것이 아닌가 합니다. 믹서기로 갈아서 물에 섞어도 결코 투명해지지 못하고 콜로이드가 되고 마는 사고방식, 설탕 같은 생각은 곧 투명해져서 보이지 않지만 어디서나 단맛을 냅니다. 반면에 버터 같은 생각은 머릿속을 뿌옇게 흐려 놓고 생각 위에 동동 떠올라서 분리됩니다. 분리되는 그러한 사고방식을 제거하지 않으면 생각의 표면을 차단하여 생각의 숨을 막고 썩게 할 것입니다. 무엇보다 이 커피는 마실 수 없습니다. 버터가 있어야 할 곳에 버터가 있어야 합니다. 커피에는 버터가 절대로 들어올 수 없다는 것을 정신 바짝 차리고 지켜야 합니다.

무리하게 버티는 버터를 견디라고 하거나 심지어 그대로 마시라고 하는 말은 존재할 수 없는 말이지요. 과감히 버리고 다시 새 커피를 탑니다.

똥과 꽃

똥은 더럽고 꽃은 아름답다고들 말합니다. 하지만 더러운 냄새가 나서 모두가 피하는 똥도 잘 어루만지면 꽃이 됩니다. 예를 들어, 이 세상에서 가장 비싼 커피는 사향고양이의 똥에서 추출한다고 합니다. 사향고양이는 입맛이 까다로워서 가장 맛있고 잘 익은 커피 열매만 골라먹는데, 소화 과정에서 커피 열매의 과육은 소화가 되고 씨는 분해되지 않아 몸 속의 효소에 의해 발효되면서 특유의 맛과 향을 가진 채 배설된다고 합니다. 말하자면 커피 원두가 사향고양이의 소화기관을 통과하는 과정에서 최고급 커피가 되는 셈이지요.

또 태국, 케냐 등에서는 코끼리 똥을 모아 종이를 만든다고 합니다. 코끼리는 많은 풀을 먹고, 그만큼 많은 똥을 싸는데 셀룰로오스는 소화되지 못하고 배설되기 때문입니다. 코끼리의 똥을 모아 깨끗이 씻은 뒤 끓여서 셀룰로오스를 분리하고 잘게 잘라 색을 입힌 후, 그늘에 뒀다가 체로 걸러내 종이 제조 틀에 넣어 햇볕에 말리고 표면을 평평하게 밀면 종이가 완성된다고 합니다.

우리나라에서는 '축산 바이오가스 생산 시스템'을 운영하여 소똥의 메탄가스로 전기 에너지를 만들었다고 합니다.

또한 똥 냄새에서 인돌이라는 분자의 농도를 조금만 낮추면 재스민, 라일락과 같은 향기가 된다고 합니다. 사람의 코는 인돌에 민감하기 때문에 향수의 원료가 됩니다. 똥 냄새를 이루는 주요 분자는 장 속에 사는 세균이 음식물을 소화시키면서 만들어 내는 스카톨과 인돌, 그리고 황화수소와 메탄, 암모니아 기체 등입니다. 스카톨은 우유단백질인 카세인에 많이 들어 있습니다. 구조가 스카톨과 비슷한 인돌은 트립토판과 같은 아미노산이나 인돌아세트산 같은 식물 호르몬을 이루는 주요 분자입니다. 그러니까 단백질을 많이 먹을수록 스카톨과 인돌이 많이 생기면서 똥 냄새가 더 지독하게 되는 것이지요. 그런데 인돌은 스카톨과는 다르게 농도를 낮추면 사람이 맡기 좋은 냄새가 됩니다. 그래서 재스민, 라일락, 오렌지 플라워 등의 인공적인 꽃 향수는 인돌 성분을 이용해서 만드는 것입니다.

똥 더미에서 피어나는 수박 꽃을 본 적이 있습니다. 수박 씨가 소화되지 않고 똥으로 나왔다가 똥 더미 속에서 발아한 것이지요. 그러니 꽃을 피우지 못하는 것은 배경이 똥 같기 때문은 결코 아닙니다. 배경이 똥 더미이기 때문에 기필코! 꽃이 피어나는 것입니다.

4교시

시간 내에 과학 연극을 공연하라!

시간은 5분 밖에
주지 않아요. 모둠원들이
아이디어를 집중하고
협력해야 해요.

과학에 축이 2개가 있다면 하나는 '경험과 논리'이고 다른 하나는 '창의와 상상'이라고 할 수 있습니다. 창의적으로 문제를 해결하는 데는 어떤 것이 필요할까요? 과학 지식도 있어야겠지만 과학적으로 탐구를 잘하는 기능과 창의적으로 생각하는 능력이 있어야 하고, 또 창의적인 성격을 가지고 있어야 합니다.

창의적으로 생각하는 능력이란 확산적으로 사고하는 능력과 수렴적으로 사고하는 능력으로 나눌 수 있는데, 확산적인 사고란 유창성, 융통성, 독창성, 정교성 등이고 수렴적 사고란 정합성, 통합성, 단순성, 패턴 인식 등입니다. 그러면 창의적인 성격이란 무엇일까요? 자신의 내면에서 창의고자 하는 동기가 있는 성격, 과제 집착력, 자아 효능 감, 호기심, 개방성, 민감성, 책임감, 객관성, 도전성, 리더십, 예술적 감수성 등이 창의적인 성격이라고 할 수 있습니다.

그런데 바로 연극이 그러한 문제 해결 기술 발달을 자극하고 창의적으로 학습할 수 있게 해 줄 수 있습니다. 과학 연극은 읽기, 쓰기, 말하기(국어과) 음향효과, 음악(음악과) 무대장치(미술과) 과학 소재(과학과) 등 여러 교과의 통합체입니다. 연극의 궁극적 목적은 마음을 여는 것이고 상상력과 언어능력을 자극하는 것이며 상상력은 지배적이고 관습적인 사고의 틀을 부수는 역할을 하기 때문에 새로운 것을 창조하는 촉진제 역할을 하게 되는 것입니다.

과학 연극은 그 내용과 소재에 따라 과학적 사실이나 개념의 이해를 돕기 위한 과학 개념 연극, 과학자의 일대기를 다룬 과학 인물 연극, 과학사의 주요 사건을 소재로 한 과학사 연극, 과학·기술과 관련된 사회적 문제를 소재로 한 과학 논쟁 연극, 과학을 소재로 한 예술적 표현에 강조를 둔 과학 표현 연극으로 구분할 수 있습니다. 많은 연구에서 과학 연극은 과학 개념에 대한 통찰을 돕고 유의미한 학습을 증진시킨다고 했습니다.

또 연극은 의사소통 기능 및 자신감을 향상시키는 데 도움을 줍니다. 과학 연극은 재미가 있고, 연극을 준비하며 다른 사람과의 생각을 교환, 조정하고 종합하는 과정에서 협동심이나 사회적 기술을 경험하게 됩니다. 그리하여 여러분은 보다 성숙한 인격체로 자라게 되는 것이지요.

이번 시간에 우리가 함께 할 '스피드 과학 연극'은 여러분의 미래에 필요한 이러한 창의성을 개발하기 위해 특별히 계획된 수업입니다. 이 훈련에 의해 여러분은 과학적 지식에 대한 통찰뿐 아니라 확산적 사고, 수렴적 사고, 창의적인 성격이 길러질 것입니다.

자, 이제 즐겁고 재미있게 '스피드 과학 연극' 속으로 들어가 볼까요? 왜 '스피드' 일까요? 이 연극은 다른 연극과는 달리 여러분에게 많은 시간이 주어지지 않아요. 모두 즉석에서, 즉흥적으로 이루어지므로 집중해서 신속하게 활동해야 합니다.

1. 스피드 과학 연극 계획하기 –주제 정하기

'스피드 과학 연극'은 다음과 같이 6단계로 이루어집니다. 여러분끼리 방과 후에 모여서 놀이처럼 활동을 해 보는 것도 재미있겠네요. 혹시 부모님께서 오해하실 수도 있으니 이 책을 보여 드리고 연극에 동참하길 권해 보는 것도 좋아요.

처음에는 잘 되지 않지만 자꾸 하다 보면 패턴이 정해져 있으니 잘할 수 있게 돼요. 선생님은 수업을 하면서 여러분의 기발함에 늘 놀랍니다. 어디서 이야기가 샘물처럼 쏟아져 나오는지 정말 신기해요. 특히 연극 소품을 만들 때야 말로 창의성이 눈에 드러나게 되는 때입니다. 알루미늄 호일이 운전대가 되기도 하고, 계란 판이 토스트로 변하거나 헬리콥터로 변신할 수도 있습니다. 여러분은 이러한 활동을 통해 눈에 보이는 모든 사물이 또 다른 용도로 사용될 수 있음을 알게 될 것입니다. 그리고 활동은 팀워크가 매우 중요하기 때문에 소통을 하는 방법과 팀의 중요성을 배우게 될 것입니다.

제한 시간 안에 과학 연극을 준비하면서는 직접 소품도 만들어 볼 겁니다. 이것도 처음에는 어색하고 난감하지만 오랫동안 반복적으로 연습을 하다 보면 물건을 보면 창의적으로 소품을 만드는 아이디어가 절로 쑥쑥 생긴답니다.

스피드 과학 연극의 과정

단계 1. 학습 주제에 따라 문제가 제시됩니다. 문제에 대한 답을 가장 많이 해결한 모둠은 상이나 점수를 받습니다. 여기서는 양이 중요합니다.

↓

단계 2. 여러분의 답 중 하나를 뽑습니다. (어떤 것이 선택될지 몰라요.) 뽑힌 답을 발표하고 답에 대해 토론합니다. (다른 모둠의 반박에 대해 답변을 못하면 다시 뽑아야 하고 1단계에서 받은 점수에서 감점됩니다.) 토론에서 답으로 채택되면 단계 3으로 넘어갑니다.

↓

단계 3. 뽑힌 답의 유래를 상상하거나 내용과 관련된 생활 속 이야기를 제작하라는 과제를 해결하기 위해 모둠 원끼리 역할을 정하여 공연을 위한 대본을 작성합니다. (대본은 학습 내용과 자연스럽게 연결되어야 해요.)

↓

단계 4. 공연에 필요한 소품을 만듭니다. 소품은 주어진 재료로만 만들 수 있으며 주어진 재료는 모두 사용해야 합니다.

↓

단계 5. 공연을 위한 연습을 합니다.

↓

단계 6. 한 모둠이 스피드 과학 연극 공연을 하는 동안 관람하는 다른 모둠은 동시에 공연 모둠의 공연에 대한 평가를 하여 점수를 부여합니다. 각 모둠은 다른 모둠이 부여한 점수를 합산한 점수를 받습니다. (모둠별 적정 시간 배당)

과학 학습 주제에 따른 스피드 과학 연극의 예

과학 학습 주제의 예	스피드 과학 연극 활동의 예
날씨	날씨에 관한 속담을 최대한 많이 쓴다.→하나를 뽑아 속담의 과학적 원리를 설명한다.→과학 원리를 이야기로 만든다.→이야기를 표현할 소품을 즉석에서 만든다.→연극을 발표한다.
암석	알고 있는 암석의 이름을 최대한 많이 쓴다.→하나를 뽑아 암석을 분류하고 암석의 생성 과정을 과학적으로 설명한다.→과학 설명을 이야기로 만든다.→이야기를 표현할 소품을 즉석에서 만든다.→연극을 발표한다.
열 출입과 상태 변화	열 출입에 의해 상태가 변화하는 생활 속의 예를 많이 쓴다.→하나를 뽑아 그 원리를 과학적으로 설명한다.→물질계에서 일어나는 일을 상상하여 이야기로 만든다.→이야기를 표현할 소품을 즉석에서 만든다.→연극을 발표한다.
용해	용해 현상에 대해 알고 있는 사실을 최대한 많이 쓴다.→하나를 뽑아 그러한 현상이 일어나는 원리를 과학적으로 설명한다.→용해현상에서 용매와 용질 사이에 일어나는 일을 상상하여 이야기를 만든다.→이야기를 표현할 소품을 즉석에서 만든다.→연극을 발표한다.
삼투 현상	삼투 현상에 대해 알고 있는 사실을 최대한 많이 쓴다.→하나를 뽑아 그러한 현상이 일어나는 원리를 과학적으로 설명한다.→삼투 과정을 설명하는 물질계에서 일어나는 일을 상상하여 이야기를 만든다.→이야기를 표현할 소품을 즉석에서 만든다.→연극을 발표한다.
식물 분류	식물의 이름 많이 쓴다.→하나를 뽑아 그 식물이 어느 무리에 속하는지 분류하고 설명한다.→그 식물이 나라면 어떤 모습으로 무슨 말을 할지, 어떤 일이 발생할지 상상하여 이야기를 만든다.→이야기를 표현할 소품을 즉석에서 만든다.→연극을 발표한다.
자극과 반응	자극에 의해 반응이 일어나는 예를 많이 쓴다.→한 예를 뽑아 자극에서 반응이 일어나기까지의 과정을 과학적으로 설명한다.→자극에서 반응이 일어나기까지의 신경전달 과정을 상상하여 이야기로 만든다.→이야기를 표현할 소품을 즉석에서 만든다→연극을 발표한다.
이온	원소기호를 많이 쓴다.→한 원소를 뽑아 그 원소의 특징을 설명한다.→그 원소가 이온으로 되는 예와 이온화 과정을 이야기로 만든다.→이야기를 표현할 소품을 즉석에서 만든다.→연극을 발표한다.
전자의 출입에 의한 화학 반응	전자의 출입에 의한 화학 반응의 예를 많이 쓴다.→하나를 뽑아 화학 반응을 설명한다.→물질계에서 일어나는 일을 상상하여 이야기로 만든다.→이야기를 표현할 소품을 즉석에서 만든다.→연극을 발표한다.

자, 이제 실제로 '스피드 과학 연극'을 시작해 볼까요? 이 중에서 '생물과 환경 적응'을 주제로 스피드 과학 연극을 해 봅시다.

2. 스피드 과학 연극 준비하기

1 단계

환경에 적응한 생물의 예를 들고 적응 형태를 설명하시오.

1단계에서는 '환경에 적응한 생물의 예를 들고 적응 형태를 설명하시오.'라는 문제를 해결해야 합니다. 여러분에게 주어진 시간은 5분입니다. 5분 안에 문제에 대한 답을 되도록 많이, 많이 적어야 합니다. 여기서는 양이 중요합니다. 정사각형 모양의 쪽지에 모둠별로 해결한 내용을 기록하고 쪽지를 두 번 접어 둡니다.

문제에 대한 답을 몇 개나 해결했나요? 답의 수만큼 모둠 점수표에 점수를 기록하세요.

2 단계

각 모둠이 쓴 답 중 하나를 뽑아 발표하시오.

2단계에서는 여러분이 해결한 답이 적힌 카드 중 하나를 뽑아야 합니다. 눈을 꼭 감으세요. 무엇이 뽑힐지 몰라야 합니다. 그리고 뽑힌 그 답을 발표하세요. 각 모둠의 발표를 잘 듣고 문제에 적합한 답인지 판단한 다음 비판적으로 그 모둠에게 지적해 주세요. 모둠별로 발표하고 문제 해결이 잘 되었는지 확인을 받는 것입니다.

답 중 하나 뽑기

모둠 점수 표

모둠명:		모둠원:
단계		받은 점수
1단계		
6단계	평가 모둠명	받은 점수
우리 모둠이 받은 총 점수		

자, 이제 3단계로 가겠습니다.

3 단계

선택된 생물이 환경에 적응하여 형태가 변하기까지의 진화 과정을 상상하여 이야기로 꾸미시오.

3단계는 이야기를 꾸미고 모둠원끼리 역할을 정하여 공연을 하기 위한 대본을 작성하는 단계입니다. 먼저 생물과 환경 적응 형태를 적고, 환경에 적응하기 위해 생물의 형태가 진화된 과정을 간략히 정리한 뒤 그 생각을 재미있는 연극으로 만들어 전달하는 거죠.

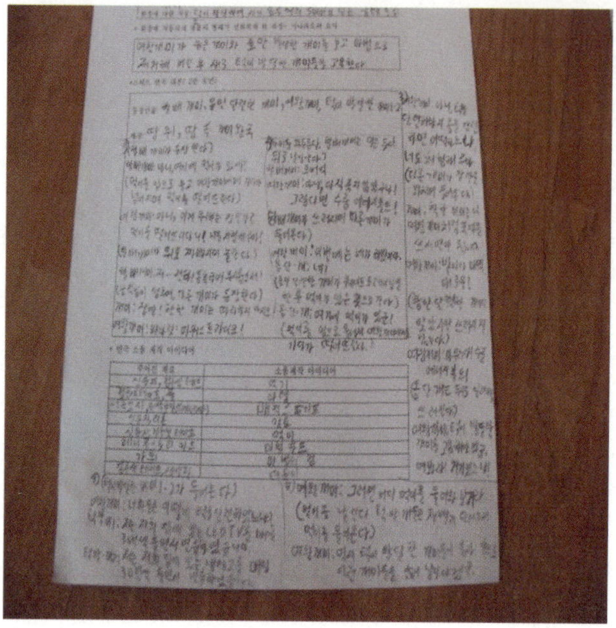

이야기 꾸미기

다음은 이야기를 꾸미기 위한 활동지입니다. 이어서 친구들이 과학 연극 대본을 어떻게 만들었는지도 살펴보아요.

활동지 이야기 꾸미기

모둠원 (   )

- 생물과 환경 적응 형태: (   )
- 환경에 적응하기 위해 생물의 형태가 진화된 과정
- 스피드 극본

스피드 극본: 개미의 턱 발달

모둠원: 강영훈(6학년), **정영훈**(6학년) **이상준**(5학년)

• 생물과 환경 적응 형태: 개미, 턱이 발달하여 자기 몸무게의 50배가 넘는 물건을 들 수 있다.

•환경에 적응하기 위해 생물의 형태가 진화된 과정: 여왕개미가 늙은 개미와 몸만 발달한 개미를 보고 마법으로 제거해 버린 후 새로 턱이 발달한 개미들을 고용한다.

• 스피드 극본

등장인물: 할배개미, 몸만 단련한 개미, 여왕개미, 턱이 발달한 개미,

배경: 땅 위, 땅 속 개미 왕국

(할배개미가 등장한다.)

할배개미 아니, 여기에 먹이가 있네? (먹이를 입으로 물고 여왕개미에게 가다가 넘어지며 먹이를 떨어뜨린다.)

여왕개미 아니, 이게 뭐하는 짓인가? 먹이를 떨어뜨리다니! 너를 처형해 주마.

(할배개미가 뒤로 자빠지며 놀란다.)

할배개미 저…… 전하! 통촉하여 주시옵소서!

(움직임이 멈추며, 다른 개미가 등장한다.)

개미 잠깐! 착한 개미는 따라하지 마시오!

여왕개미 받아랏! 파워스트라이크!

(가위를 휘두른다, 할배개미는 맞은 듯이 뒤로 날아간다.)

할배개미 크어억!

여왕개미 아니, 아직 죽지 않았구나! 그렇다면 수중 에너지볼트!

(할배개미가 들어온다.)

여왕개미 이번에는 네가 해 보거라.

몸만 단련한 개미 네! (몸만 단련한 개미가 웨이트트레이닝을 한 후 먹이가 있는 곳으로 간다.) 여기에 먹이가 있군! (먹이를 입으로 물어서 여왕개미에게로 가다가 떨어뜨린다.)

여왕개미 아니, 턱을 단련해야지 몸을 단련하면 어떡하느냐. 너도 처형해 주마.

(다른 개미가 잠깐을 외치며 들어온다.)

개미 착한 개미는 이 여왕개미처럼 폭력을 쓰시면 안 됩니다.

여왕개미 받아라 매직 애로우!

(몸만 단련한 개미는 맞았지만 쓰러지지 않는다.)

여왕개미 마무리다. 수중 에너지볼트!

(몸만 단련한 개미는 뒤로 밀려나 쓰러진다.)

여왕개미 턱이 발달한 개미를 고용해야겠군. 여봐라, 거기 있느냐!

(턱이 발달한 개미 1, 2가 들어온다.)

여왕개미 너희들은 어떻게 턱을 단련시켰느냐?

턱발달 개미 1 저는 저희 집에 있는 LED TV를매일 30번씩 턱으로 들면서 연습하였습니다.

턱발달 개미 2 저는 저희 집에 있는 냉장고를 매일 30번씩 들면서 연습하였습니다.

여왕개미 그러면 어디 먹이를 물어와 보거라.

(먹이를 날린다. 턱이 발달한 개미들은 재빨리 달려가서 먹이를 물어온다.)

여왕개미 역시 턱이 발달한 개미들이 좋아. 앞으로 이런 개미들을 많이 낳아야겠군.

영훈이네 모둠은 '개미의 턱 발달'에 관한 진화 과정을 이야기로 꾸몄군요. 개미 왕국에 폭력을 좋아하는 군주가 있었는데 먹이를 물고 오다 흘린 개미들을 모조리

무자비하게 사형시켰다고 합니다. 그래서 털이 발달하여 먹이를 흘리지 않는 개미들만이 살아남게 되었는데 그 후손들에게 강한 털이 계속 유전되어 지금 개미들은 모두 발달한 털을 가지게 되었다는군요. 아유, 남학생들은 왜 꼭 총으로 쏘아 죽이는 이야기를 생각해 내는지 모르겠어요. 좀 아름답고 고운 이야기는 없을까요? 어쨌거나 짧은 시간에 생각해 낸 것인데도 참 기발하네요.

스피드 극본: 산양의 발굽

모둠원: 최준홍(6학년), **이상준**(6학년) **정혜일**(6학년)

• 생물과 환경 적응 형태: 산양, 산에 살면서 발굽이 튼튼해지고 발뒤꿈치를 들고 다니게 되었다.

• 환경에 적응하기 위해 생물의 형태가 진화 된 과정: 산양은 계속 전세계의 발굽을 구입하여 갈아끼웠다.

• 스피드 극본

등장인물: 산양, 산양굽 마트 주인

배경: 크레이지 산맥, 산양굽 마트, 마을

어느 날 착한 산양이 험한 산길을 가는데, 발바닥이 너무 아팠다. 그래서 기도를 했더니 산신령님이 신용카드를 주시는 게 아닌가. 산양은 마을로 내려가 마트에서 튼튼한 중국산 발굽을 카드로 구입했지만 굽은 산길을 걷는 중에 부러져 버리고 말았다.

산양 아, 이런이런 중국산 굽은 정말 저질이군. 버려야겠다. (산양이 마을로 내려와 마트로 간다.)

마트 주인 또 오셨군요. 어서 오세요…….

산양 발굽 새 걸로 주시오. (마트 주인 새 발굽을 내어 준다.)

산양 이것도 혹시 중국산 아니요?

마트 주인 아니에요. 호주산이에요.

산양 호주? 좋소, 주시오. 얼마요? 카드 되죠?

(마트 주인 고개를 끄덕이며 카드를 긁는다.)

산양 발굽을 갈아끼운다.

마트 주인 오우! 꼭 맞네요. 감사합니다. 안녕히 가세요~

(산양이 새 굽을 신고 산으로 뛰어가지만 또 부러진다.)

산양 아니, 이게 뭐야 굽이 또 부러졌잖아…… 에이…….

(산양 다시 마을로 내려와 마트에 들어가서 화를 낸다)

마트 주인 정말 죄송합니다. 새 걸로 교환해 드립죠. 이것은 한국산인데 아주 질기고 튼튼합니다.

산양 한국산? 진작 그걸 주지, 어디 한번 신어 봅시다. (산양은 호주산 발굽을 버리고 한국산 발굽을 끼우지만 너무 작다.)

산양 아니, 이거 너무 작잖아.

마트 주인 (속으로 이거 큰일이군. 산양을 속여야겠다.) 호호호 모르시는 말씀. 한국에서는 발에 굽을 반만 끼운답니다. 그리고 발뒤꿈치를 들어 보세요. 어때요, 편하죠? 그럼 정말 빨리 달릴 수 있고 우아하고 발굽이 부러지지도 않아요!

산양 (발굽을 반만 끼우고 이리저리 걸어 보며) 오우, 정말 그런데? 이건 얼마요?

마트 주인 (재빨리) 값이 좀 비싸요. 호주산 두 배니까 카드를 한 번 더…….

(산양이 카드를 주자 마트 주인은 카드를 긁는다.)

산양은 한국산 발굽을 신고 산 위로 달려간다. 발이 정말 가볍고 발굽이 부러지지도 않았다. 빠르게 달릴 수도 있었다. 다른 산양들도 이것을 보고 모두 한국산 발굽을 구입하여 끼웠다. 이렇게 해서 산양은 지금처럼 발뒤꿈치를 들고 다니게 되었다.

상준이 모둠은 '산양의 발굽'의 진화 과정을 이야기로 꾸몄네요. 참신하고 재미있는 이야기이지만 상준이 모둠이 알아야 할 사실이 하나 있어요. 그것은 부모로부터 유전되지 않은 몸의 형태는 절대 자식에게도 유전될 수 없다는 것이에요. 부모의 눈이 작아도 아이는 눈이 큰 경우를 보았다고요? 그것은 비록 부모의 눈은 작을지라도 부모의 몸 속에 눈이 큰 유전인자가 있었기 때문이에요. 예를 들어, 그 부모가 만약 성형외과에 가서 작은 눈을 크게 만드는 수술을 받았다고 해도, 부모의 몸 속에 눈이 큰 유전자가 없으면 눈이 큰 아이는 태어날 수 없다는 뜻입니다.

예를 들어, 기린의 목이 길어진 진화 과정을 설명하기 위해 라마르크라는 사람은 기린이 높은 나무의 잎을 따먹기 위해 목을 계속 늘였더니 목이 길어지게 되었다는 가설을 내놓았어요. 이것을 용불용설이라고 하는데, 이 가설은 인정을 받을 수 없어요. 왜냐하면 기린의 목이 후천적으로 길어졌다고 하더라도 긴 목이 자식에게 긴 목으로 유전되지 못하기 때문인 것이지요.

대신에, 짧은 기린들 중 어쩌다 돌연적으로 목이 긴 기린이 태어나게 되었다. 이 목 긴 기린이 나뭇잎을 따 먹는 데 있어서 유리했다. 목이 짧은 기린들은 나뭇잎 경쟁이 치열해서 죽게 되었지만 목이 긴 기린만 살아남아 그 자손들도 계속 목이 긴 기린이 되었다고 설명하는 돌연변이설과 자연선택설이 있어요.

자, 이제 대본을 썼으니 다음 단계인 연극 공연을 위한 소품 만들기로 넘어갑니다.

4 단계

대본을 공연하기 위한 소품을 만드시오.

(반드시 주어진 재료로만 만들어야 하며, 주어진 자료는 모두 사용해야 합니다.)

제한 시간은 10분입니다. 10분 안에 주어진 재료를 용도 변경하여 자유롭게 연극의 소품으로 만들어야 합니다. 주어진 재료 외의 다른 재료는 사용할 수 없고, 주어진 재료는 빠짐없이 모두 사용해야 합니다. 먼저 주어진 재료를 어떻게 활용할지에 대해 모둠원과 함께 아이디어를 모아 기록해 봅시다. 그리고 제한 시간 안에 빠른 속도로 소품을 제작한 후 테이블을 깨끗이 정리정돈하기 바랍니다.

활동지 연극 소품 만들기

모둠명 (　　) 모둠원 (　　)

* 다음 재료들의 용도를 변경하여 모둠의 역할극을 위한 어떤 소품으로 만들지 각각 고안하시오.
(소품을 만들기 위한 도구로 사용해도 되며 모든 재료를 사용해야 합니다.)

신문지, 유리테이프, 가위, 노끈, 색종이, 색연필, 긴 젓가락 하나

즉석에서 개미의 더듬이가 된 색연필

카드로 만든 등껍질

즐거운 동물 만들기!

신문지로 옷 만들기

아주, 좋아요! 소품이 다 만들어졌으니 이제 다음 단계는 대사를 외우고 연기 연습을 하는 시간입니다. 5분 동안 알차게 연습하세요!

3. 스피드 과학 연극 공연하기

5 단계

대본대로 연습하고 공연을 하시오.

많이 웃는 여러분을 보니 선생님도 기분이 좋아지네요! 그렇게 늘 밝게 웃으며 공부할 수 있으면 얼마나 좋을까요! 여러분의 생각을 자유롭게 밖으로 내어도 되는 시간이라 즐거운 것인지요?

자, 시간이 다 되었습니다. 모두 공연을 위한 무대로 이동하기 바랍니다. 순서대로 공연하되 한 모둠이 공연을 하는 동안 다른 모둠은 관람을 하며 평가지에 장점과 단점을 적고 점수를 부여해 주시기 바랍니다. 공연은 딱 1회, 생방송입니다. 시간은 2분 이내로 정해져 있고요. 선생님은 여러분의 공연을 동영상으로 촬영할 것입니다. 나중에 재생하여 함께 감상해 보도록 합시다!

연기 연습하기

동료 평가지

* 생물의 환경 적응 과정을 역할극으로 잘 표현했는지 평가해 봅시다.

평가자: (　　　　　)

모둠명	시나리오, 대본의 완성도 25점	연극 소품의 융통성, 독창성 40점	연극 표현의 완성도 25점	가산점 (활동1에서 우수 모둠) 10점	점수 계

판정 척도

기준	훌륭함	보통	부족함
시나리오, 대본의 완성도	25점	15점	5점
연극 소품의 융통성, 독창성	40점	30점	10점
연극 표현의 완성도	25점	15점	5점

우리들의 소감 한마디

사진 속 친구들

2009 진주여중 창의력 동아리 102%,
2010 경상대학교 영재교육원 초등과학반 어린이들

한 번 더 짚어 보는 교과 관련 개념

환경 적응 생물이 주위 환경에 적합하도록 형태적·생리학적으로 변화함. 또는 그런 과정.

진화 생물이 외계의 영향과 내부의 발전에 의하여 간단한 구조에서 복잡한 구조로, 하등한 것에서 고등한 것으로 발전하는 일

자연선택설 생물의 종(種)은 자연선택의 결과, 환경에 적합한 방향으로 진화한다고 하는 학설. 다윈이 주장함.

돌연변이설 돌연변이에 의하여 생긴 새로운 적응 형질만이 새로운 종을 형성한다는 점에서 생물의 진화는 연속적이 아니라는 학설. 네덜란드의 식물학자 드브리스가 제창함.

쉬는 시간
가우스 가속기와 함께하는 발명 이야기

여러분 '가우스 가속기' 아시죠?

자석을 사이에 두고 입사 쇠구슬을 입사 쪽에 두면 자석이 쇠구슬을 끌어당기는데, 신기하게도 목표 쇠구슬이 쏜살같이 날아가죠? 일본 영화 〈용의자 X의 헌신〉에도 한 물리학자가 이 가우스 가속기에 대해 설명하는 장면이 나오죠.

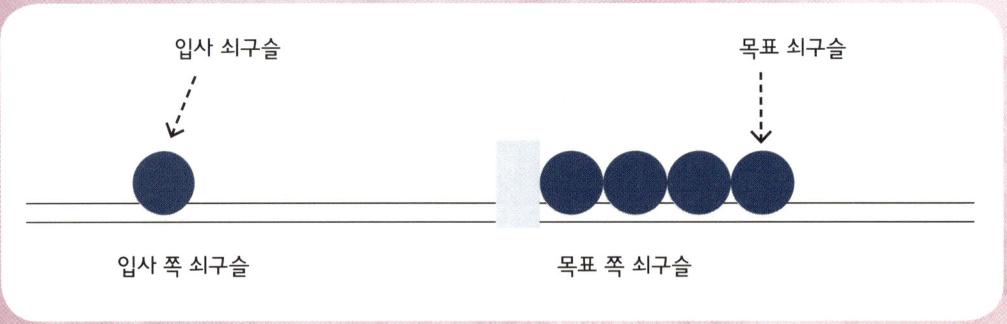

이러한 현상은 자석이 입사 쇠구슬을 끌어당기면서 해 주는 일이 목표 쪽에서 운동에너지로 바뀌기 때문인데요. 그러니까 자석이 일을 많이 하면 목표 쇠구슬은 운동에너지를 더 많이 얻어 더 빠르게 날아가겠지요? 이러한 가우스 가속기의 원리를 이용하면 멋진 발명품을 만들 수 있지 않을까요?

다단계 가속기 만들기

길이가 1.4m인 3개의 쫄대와 ND자석 그리고 쇠구슬을 이용하여 총 길이 420cm의 긴 다단계 가우스 가속기를 만들어 볼까요?

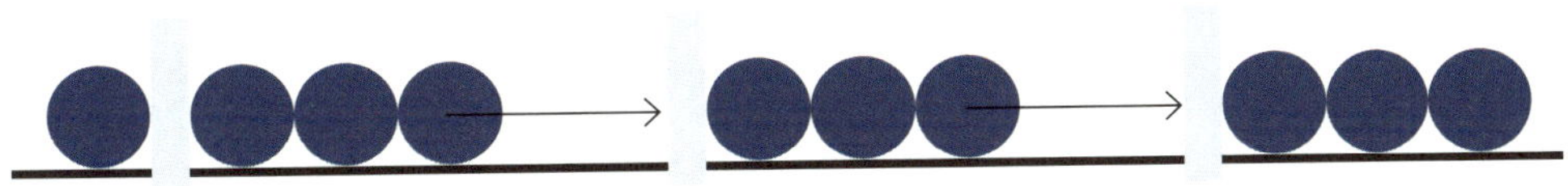

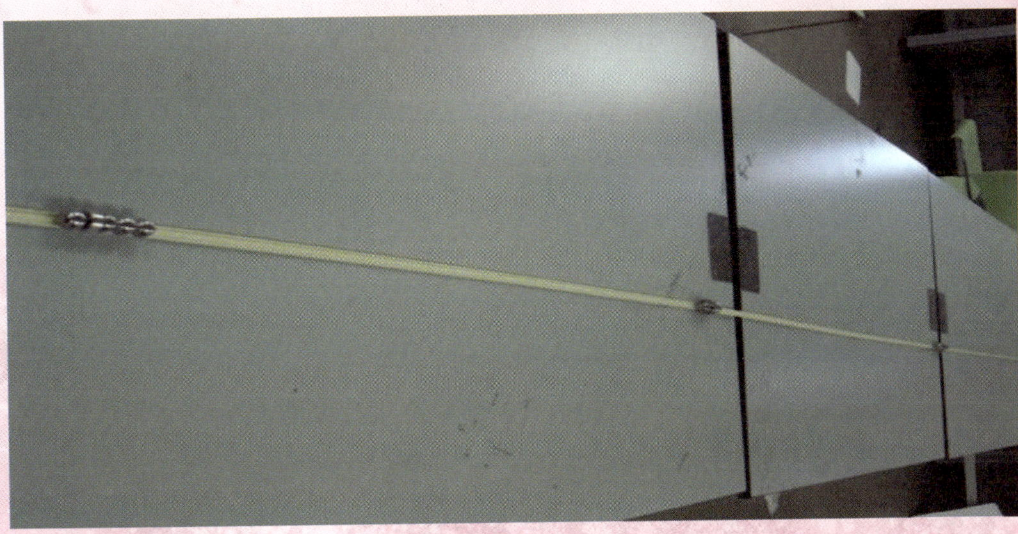

다단계 가우스 가속기

첫 번째로 가속된 쇠구슬은 두 번째 ND자석으로 굴러가 더 빠르게 가속되었고, 세 번째 ND자석까지 이용하여 다단계로 가속되어 더 빠르게 가속되어 멋진 가속기를 만들 수 있죠.

어린이용 가우스 낚싯대

은영이는 어린이용 가우스 낚싯대를 고안했어요.

힘이 약한 어린이들은 낚싯줄을 멀리 던지지 못해 어른의 힘을 빌어야 합니다. 낚시를 좋아하는 동생이 힘들어해서 안타까운 마음에 가우스 가속기를 이용한 어린이용 낚싯대를 고안했다고 하네요. 먼저 어린이용 낚싯대를 만들 수 있겠는지 컴퓨터의 그림판을 이용하여 아이디어를 그려 볼까요?

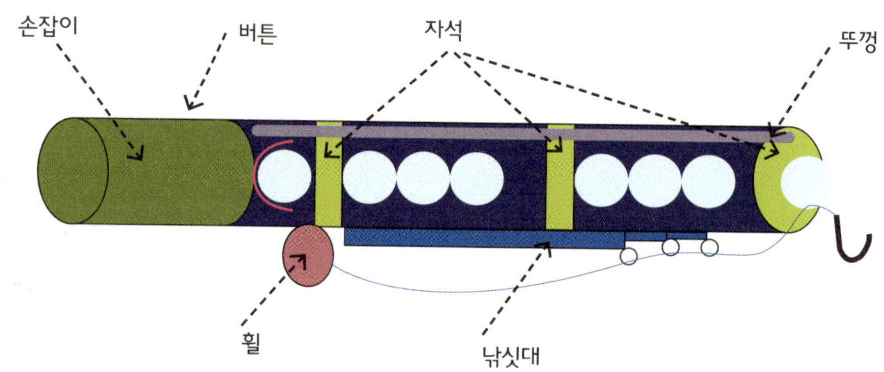

가우스 낚싯대 도안(발사 전)

은영이는 어린이용 가우스 낚싯대를 다음과 같이 구성했어요.

가속기 통 아래에 줄을 감는 릴과 3단계로 접힌 낚싯대가 부착되어 있죠. (기존 낚싯대) 낚시 바늘은 쇠구슬과 연결, 쇠구슬은 자석에 부착되어 있어요. 발사 전에 발사 쇠구슬은 고정 손에 꼭 잡혀 있죠.

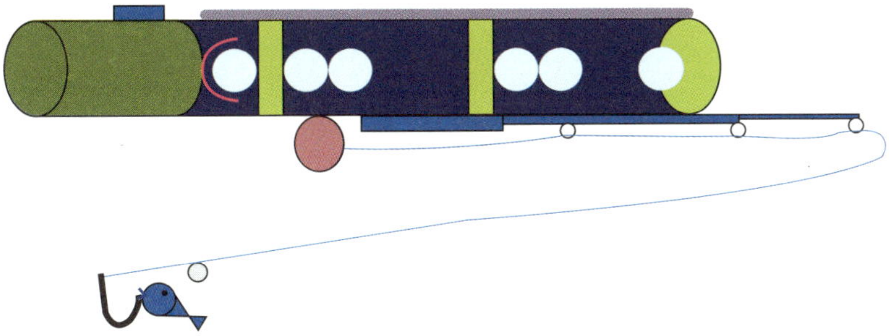

가우스 낚싯대 도안(발사 후)

쇠구슬을 발사하려면 손잡이에 달린 버튼을 누릅니다. 버튼을 눌러 쇠구슬을 잡고 있던 손이 벌어지면, 쇠구슬이 자석에 끌려가서 부착됩니다. 낚싯바늘에 달린 쇠구슬이 가속되어 발사되는 거죠. 발사 후에는 낚싯대를 3단계로 빼내어 낚시 기능을 할 수 있도록 합니다. 뚜껑을 열어 원상태로, 릴을 감아 줄을 회복합니다.

친구의 아이디어가 어떤가요? 멋있죠?

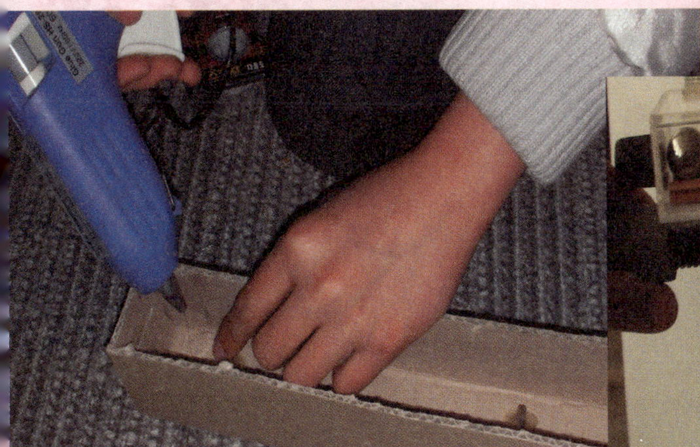

가우스 낚싯대 모형 만들기

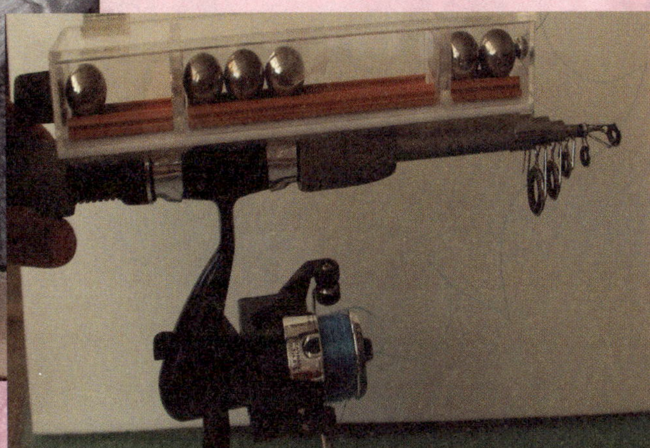

완성된 가우스 낚싯대

예언 가속기 다트

이번에는 지호의 아이디어를 볼까요? 지호는 가우스 가속기로 예언 가속기 다트를 고안했네요.

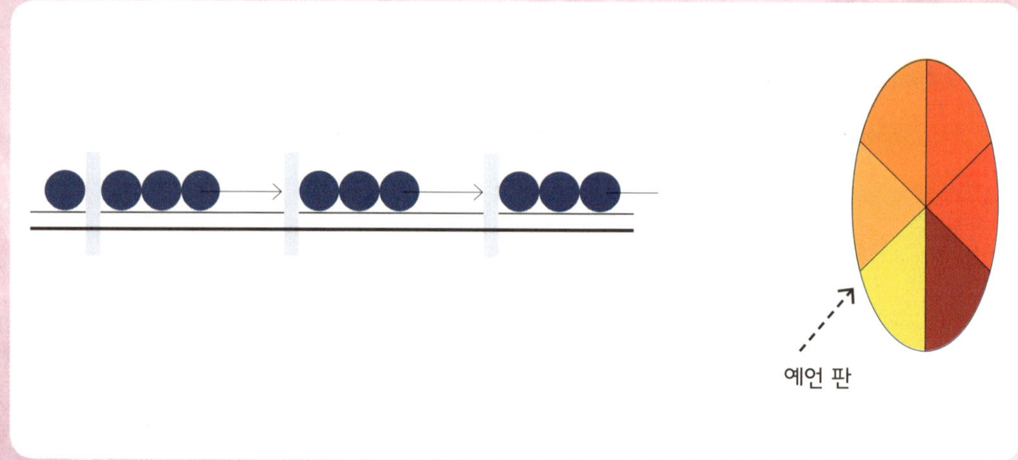

예언 가속기 다트 도안

예언 가속기 다트

입사 쪽 쇠구슬 1개, 목표 쪽 쇠구슬 3개, 자석은 3개로 한 3단계 가우스 가속기 끝에 쇠구슬을 단 다트의 핀을 부착하면 3단계로 가속된 핀이 회전하는 예언판을 쳐서 예언을 해 주는(재미로 하는 예언) 놀이기구를 만들어 봅시다. 예를 들어, '우리는 발명대회에서 과연 1등을 할 것인가?' 하는 것을 이 놀이기구를 이용하여 예언해 볼까요? 다트를 그냥 던지는 것보다 다트가 다단계로 가속되어 날아가는 모습이 더 흥미진진하죠?

어때요? 여러분도 가우스 가속기의 원리를 이용하여 생활 속의 문제를 해결할 수 있는 멋진 발명을 해 보고 싶지 않으세요? 여러분이 함께한다면, 무궁무진한 아이디어가 쏟아질 거예요.

과학 시 쓰기를 지도하시는 선생님께 드리는 Tip

과학 시 쓰기 교수 학습 지도안 작성을 위해 감성 요인에 따라 '과학 시 쓰기'의 유형을 다음과 같이 분류해 보았습니다.

과학 시 쓰기 유형 분류

감성 요인	'과학 시 쓰기'의 구분	과학 시 쓰기 유형 분류
인지적 요인	개념 이해를 위한 과학 시 쓰기	유비적 시 쓰기
	기억 강화를 위한 과학 시 쓰기	연상적 시 쓰기
	상상력 강화를 위한 과학 시 쓰기	상상하는 시 쓰기
생리적 요인	욕구불만 표출을 위한 과학 시 쓰기	감정을 표출하는 시 쓰기
	감정 순화를 위한 과학 시 쓰기	긍정적인 마음으로 시 쓰기
행동적 요인	관찰력 강화를 위한 과학 시 쓰기	감각기관을 사용하는 관찰 시 쓰기 조작 관찰 시 쓰기 정량 관찰 시 쓰기 전체 관찰과 부분 관찰 시 쓰기 시간 의존 관찰 시 쓰기 비유 관찰 시 쓰기
	가치 내면화를 위한 과학 시 쓰기	주장하는 시 쓰기

유비적 시 쓰기

생물에게 인간과 같은 정신이 있다고 생각하면 생물이 매우 다르게 보일 것입니다. 문학을 '낯설게 하기'라고 했을 때 색다른 관점에서 대상을 관찰하고 색다르게 표현하는 일은 매우 중요합니다. 색다르게 대상을 관찰하고 색다르게 표현하기 위해서는 색다르게 생각해야 합니다. 색다르게 생각하는 방법으로 의인화 방법이 있습니다. 이와 같이 생물을 인간과 같은 존재로 취급하는 것은 시의 발상을 도울 수 있기 때문입니다.

유비적 시 쓰기는 이해하기 어려운 과학적인 개념을 이해하기 쉬운 비유로 표현하는 시 쓰기입니다. 유비적 시 쓰기의 예는 다음과 같습니다.

유비적 시 쓰기에서 인간에 비유하기의 예

과학적 개념	인간에 비유하기(예시)	
	과학적 소재	시적 비유
마찰전기	털가죽	씀씀이 헤픈 남자
	유리막대	수단 좋은 상인
	자유전자	돈
	양전기	돈을 잃는 남자
	음전기	돈을 버는 상인
물질	용액	극장
	설탕	동방신기그룹
	물	여학생들

연상적 시 쓰기

연상이란 하나의 관념이 다른 어떤 관념을 불러일으키는 심리 작용을 뜻합니다. 연상법이란 한 단어와 단어를 연결시킨 후에 상호작용하는 정신적 심상을 형성하여 단어의 뜻을 학습하는 방법입니다. 이때 심상이 약간은 익살스러운 것이면 더 효과가 있다는 의견도 있습니다.

연상적 시 쓰기는 외우기 힘든 과학 지식이나 개념을 일상생활 속의 단계를 가진 쉬운 연상으로 심상 정교화와 언어적 정교화를 시도하여 정교한 망조직 형태로 개념을 기억하게 하는 시 쓰기입니다. 그 예는 다음과 같습니다.

연상적 시 쓰기에서 연상하기의 예

과학적 개념	연상하기(예시)	
	과학적 소재	시적 연상
호르몬	갑상선의 티록신	현관에 갑상선이 떠 있고 티록신이 놓여 있다.
	이자의 글루카곤	거실로 들어오니 이자가 글루카곤에 앉아 있다
	이자의 인슐린	소파에 앉으니 이자가 일어나서 인슐린을 가져온다.
	부신의 에피네프린	인슐린을 자르려고 하는데 조심하라고 곁에 있던 부신이 "에피네프린!" 하고 외친다.
	난소의 에스트로겐	그런 와중에 그 곁에 있던 난소는 거울을 보며 자신의 몸매가 에스트로겐하다고 한다.

상상하는 시 쓰기

과학학습에서도 상상을 통안 이미지 활용의 교육적 가치에 대해 높이 평가하고 있습니다. 상상이 실제 감각을 보완할 수 있는 정신적 구성물(mental construction)을 만드는데 도움을 주어 학생들이 물리 개념과 같이 추상적이고 어려운 과학 개념에 친숙하게 접근할 수 있고 물리 개념을 구체적이고 능동적으로 확장시키며 이해하게 됩니다. 실증주의자들은 상상이 과학적 설명의 내용은 될 수 없지만 설명에 필요한 가설을 형성하는 데 도움이 된다고 합니다. 상상은 원인을 탐구하려는 인간의 정신적인 기본 작용으로서 가설을 생성하는 과정인 귀추(abduction)에 필요한 요소라고 합니다.

문제 해결이나 이해를 위한 추론을 할 때 자신이 알고 있는 인과적인 원인을 '직관적으로' 상정하여 설명하기 때문에 이 과정에서 상상이 유용하다는 것입니다. 상상력은 경험의 세계를 바탕으로 이루어지므로 상상력이 발달하려면 이전의 경험이 축적되어 있어야 하고, 여러 가지 다른 심상을 새로운 맥락과 조합 속에 통합하는 능력도 있어야 하며, 현실에서 일어날 수 있는 가능한 변화를 깨닫는 능력의 발달도 필요하기 때문에 상상력은 다양한 경험의 창조적인 반영이라고 할 수 있습니다.

또한 상상력은 상징 기능을 통하여 이루어집니다. 한 아동이 아버지의 볼펜을 들고 총을 쏘는 흉내를 낸다면 그것은 이미 볼펜이 아니라 총으로 상징화된 것입니다. 상징 중에서 가장 세련되고 정교화된 종류의 상징은 시이며, 아동의 상상력은 기본적으로 시라는 상징 기능을 통하여 구성됩니다.

상상력은 어떤 사물을 통하여 또 다른 사물을 연상을 하도록 하게 하며 또 그 사물을 다른 것으로 변용하는 힘을 길러 줍니다. 상상력은 이성에 유연성, 힘, 그리고 활기를 부여해서 학생들을 자유롭게 사고할 수 있도록 만드는 데 절대적으로 필요한 교육 활동 작용 중의 하나인 것입니다. 우리가 상상력이라고 부를 수 있는 것은 정서와 지적인 것의 혼합체입니다. 교육에서 상상력을 진지하게 고려하는 것은 지적·정서적 분리를 초월할 수 있게 해 주며, 모든 지식의 영역과 모든 교육에서 이 두 가지를 함께 고려할 수 있게 해 줍니다.

상상하는 시 쓰기에서 상상하기의 예는 다음과 같습니다.

상상하는 시 쓰기에서 상상하기의 예

과학적 개념	상상하기(예시)	
	과학적 소재	시적 상상
광합성	광합성 장소: 엽록체 광합성에 필요한 물질: 물, 이산화탄소 광합성의 산물: 녹말, 산소	내 머리카락의 세포에 엽록체가 있다면 어떤 삶을 살게 될까? 내가 식물이라면 어떤 생각을 하고 살까?

감정을 표출하는 시 쓰기

사람은 모두 정도의 차이는 있지만 미지의 대상에 대한 두려움 때문에 갖게 되는 '불안감', 윤리 도덕적인 측면에서 악이나 죄에 대한 지속적인 의식으로서의 '죄책감', 그리고 스스로를 인간으로서 부적절하다고 느끼는 '열등감'의 세 가지 정서를 가지고 있습니다. '있는 그대로의 나'를 표현할 수 있어야만 이러한 세 가지 정서에서 벗어날 수 있고, 그래야 나를 정확하게 바라볼 수 있을 뿐 아니라 나의 외부에 존재하는 모든 것들도 있는 그대로 지각(Perception)할 수 있습니다.

감정을 표출하는 시 쓰기는 과학적 탐구 활동에 대한 불쾌하거나 싫거나 부정적인 감정을 그대로 마음껏 표출함으로써 감정적인 정화를 유도하는 시 쓰기입니다. 그 예는 다음과 같습니다.

감정 표출하는 시 쓰기에서 감정 표출하기의 예

과학적 개념	감정 표출하기(예시)	
	과학적 소재	시적 표현
동물 해부	동물에 대한 불쌍함	너무나 불쌍하구나, 울고 싶구나
	냄새	지독하구나, 역겹구나
	생명 존엄에 대한 죄책감	정말정말 미안하구나

긍적적인 마음으로 시 쓰기

학생들의 '긍정적 감성'은 언어능력, 사고의 유연성, 문제 해결 및 사회적 상호작용의 향상을 가져오며, '긍정적인 감성'이 적극적인 학습 동기의 발생 여부를 결정짓는다고 보고되고 있습니다.

긍정적인 마음으로 시 쓰기는 과학적인 개념의 이해를 바탕으로 긍정적인 마음을 표현하는 시를 쓰는 것입니다. 그 예는 다음과 같습니다.

긍정적인 마음으로 시 쓰기에서 긍정적인 마음 쓰기의 예

과학적 개념	긍정적인 마음 쓰기(예시)	
	과학적 소재	시적 표현
날씨	상승기단	세상이 따스하니 나는 곧 상승할 것이다.
	구름	상승하면 분위기가 좀 추워지겠지만 나는 사람들이 보고 즐길 예쁜 구름이 될 것이다.
	비	하지만 나는 곧 추락하겠지만 기꺼이 세상의 초록 나무들의 뿌리를 시원히 적셔 줄 것이다.

관찰력 강화를 위한 시 쓰기

관찰은 모든 탐구의 기본이라 할 수 있습니다. 과학에서 관찰(observation)이란 관찰자가 오감을 통해 자연 현상에 대해 정보를 수집하는 것을 의미합니다. 과학의 맥락에서 과학철학자들은 동일한 대상을 관찰하여도 관찰자마다 동일한 대상을 인식하지 못하는 경우를 제시함으로써 감각 정보 인식에 영향을 미치는 개인적 인식 구조가 존재하며, 이것을 지적 해석틀(intellectual interpretative framework)이라고 제시하였습니다. 과학 교육에서 과학적 관찰을 통해 생성된 관찰 사실은 경험이나 배경 지식 또는 해석 방식으로써 관찰자의 지식틀을 구성하는 요소로 작용합니다. 관찰자에 의해 생성된 관찰 사실은 추론에 의해 변환되어 다시 관찰자의 지식틀을 형성하는 요소로 작용하여 관찰 행동에 영향을 미칠 수 있습니다.

시를 쓰는 과정은 과학에서 실험 보고서를 쓰는 과정과 매우 유사합니다. 한 편의 시를 창작하기 위해서는 특정 대상에 관심을 가져야 하고, 그것을 자세히 관찰해야 하며 그 관찰 속에서 창작자의 독창적인 의미를 해석해 내어 논리적으로 의미 구성을 한 후 남들에게 읽히기 위해 아름답게 배치해야 합니다. 과학 탐구 보고서를 쓸 때에도 마찬가지입니다. 관찰과 탐구에 의한 결과만을 보고서에 기록한다면 그것은 사실상 의미가 없습니다. 그 결과의 의미를 해석하는 것이 중요하고 그 해석이 인간 생활과 어떤 관련이 있는지를 알아 철학적인 교훈을 얻는다면 가장 이상적인 탐구가 될 것입니다.

관찰은 '과학적 사실로서의 정보를 직접 경험을 통해 수집하는 활동, 자연 현상이나 사물을 오감을 사용하여 객관적으로 주의 깊게 보는 것으로 정의되고 있으며 오감의 한계를 극복하기 위하여 실험기구를 사용하는 것까지 포함하여 정의하고 있습니다. 즉, 관찰에 대한 관점은 학자들 간에 차이가 있는데, 관찰을 시각 정보에 의한 것으로 보거나(Martin, 1972), 학생 자신이 보고자 하는 것을 보게 되며, 관찰 결과를 기술한 내용 또한 학생들의 이해를 나타내는 것이라고 보는 입장(Driver, 1982), 관찰 행동을 기구 사용이나 조작을 내포하는 것으로 보는 입장(Chadwick & Barlow, 1994) 등 다양합니다. 한광래와 송판섭(1995)은 관찰이 단순히 오감을 통해 얻은 사실들을 나열해 놓은 것이 아니며 목적 지향적이라고 설명하였으며 관찰은 신체의 모든 감각기관을 활용하여 사물 또는 현상에 관한 모든 정보를 정성적, 정량적, 다각적, 비교적으로 모으는 목적적인 수입 활동으로 정의하였습니다. 박종원과 김익균(1999)은 관찰에 해석이 포함되는 것을 자연스럽게 생각하여 관찰과 해석을 엄격히 구분하지 않고 해석적 관찰을 관찰의 범주에 포함시켰습니다(이근경, 2008).

권용주 등(2005)은 과학적 관찰의 유형을 관찰 방법과 관찰 대상에 따라 구분하였습니다. 관찰 방법에 따라서는 감각기관의 사용에 따라 시각, 청각, 촉각, 후각, 미각으로 나누었고 조작 방법에 따라 정성 관찰, 정량 관찰로 나누었습니다. 관찰 대상에 따라서는 공간적 대상에 따라 전체, 부분, 전체에서 부분으로, 부분에서 전체로 나누었으며 관찰 대상에 따라 같은 대상, 다른 대상, 사물에 비유, 주관 비유로 구분하였습니다.

그 예는 다음과 같습니다.

관찰력 강화를 위한 시 쓰기에서 관찰력 강화의 예

관찰력 강화를 위한 시 쓰기(예시)			
분류	과학적 개념	과학적 소재	시적 관찰
감각기관 사용 시 쓰기	꽃	꽃잎	손으로 빨간 꽃잎을 만져 보고, 그 감동을 시로 쓴다.
		암술	혀 끝에 암술머리를 대 보고, 그 감동을 시로 쓴다.
		수술	수술의 냄새를 맡아 보고, 그 감동을 시로 쓴다.
조작 관찰 시 쓰기	밑씨	씨방	백합의 씨방을 가로로 잘라 보고, 그 감동을 시로 쓴다.
		밑씨	씨방 속 밑씨에 물 한 방울을 떨어뜨려 보고, 그 감동을 시로 쓴다.
정량 관찰 시 쓰기	기공	잎의 기공	현미경으로 기공을 관찰하며 단위 면적당 그 수를 측정해 보고, 그 감동을 시로 쓴다.
		잎의 종류별 기공	잎의 종류별로 기공을 현미경으로 관찰하며 그 수를 비교해 보고, 그 감동을 시로 쓴다.
		식물체의 부위별 기공	식물체의 다른 부위의 기공을 현미경으로 관찰하며 그 수를 비교해 보고, 그 감동을 시로 쓴다.
전체 관찰과 부분 관찰 시 쓰기	잎맥	잎맥 프랙털	고사리의 잎의 전체 구조와 부분 구조를 비교하며 관찰하고, 그 감동을 시로 쓴다.
시간 의존 관찰 시 쓰기	떡잎	떡잎	외떡잎식물과 쌍떡잎식물의 씨앗을 심어 놓고 물을 주며 시간의 흐름에 따라 그 변화를 관찰하며 시를 쓴다.

고발하는 시 쓰기

도시화와 반문명, 수질 오염과 죽음 이미지, 대기 오염과 핵 공포 등 환경 파괴의 심각성을 직접 노래함으로써 문제의식을 부각시킨 시, 그런 문제로 인해 당면한 비극적 상황을 형상화한 시가 '고발하는 시'입니다. 고발 시는 풍자, 고발, 비난, 아이러니가 들어 있는, 생태 환경에 대한 진단 시입니다.

고발하는 시 쓰기의 예는 다음과 같습니다.

고발하는 시 쓰기의 예

과학적 개념	주장하는 시 쓰기(예시)	
	과학적 소재	시적 관찰
인위적 지형 변화	갯벌	갯벌 보존의 의미를 조사하고 갯벌 보존과 생명 다양성 보존을 주장하는 글을 시로 쓴다.

참고문헌

권용주, 정진수, 강민정, 박윤복(2005). 생명현상에 대한 초 · 중등 과학교사의 관찰에서 나타난 과학적 관찰의 유형. **한국과학교육학회지, 25**(3), 431–439.

박종원, 김익균(1999) 과학적 관찰의 의미과 탐구과정에서 학생들의 관찰 행동 분석, **한국과학교육학회지, 19**(3), 487–500.

복효근(2000). **새에 대한 반성문.** 서울: 시와시학사.

서정주(2001). **국화 옆에서.** 서울: 민음사.

송판섭, 한광래(1995). 촛불실험을 이용한 국민학교 (3~6학년) 아동들의 관찰 능력분석. **초등과학교육학회지, 14**(1), 73–84.

이근경(2008). 과학적 관찰의 유형에 따른 과학수업이 초등학교 6학년 학생들의 관찰지식 생성에 미치는 효과, 한국교원대학교 교육대학원 석사학위논문.

이상우 역(1992). **문학의 구조와 상상력.** 집문당. p. 58.

Chadwick, B., & Barlow, S.(1994). *Science in perspective: Book 1.* Marrickvill, Australia: Science Press.

Driver, R., Gott, R., Johnson, S,. Worsley, C., & Wylie, F. (1982). *Science in Schools, Age 15: Report No 1.* London: HMSO.

Martin. M. (1972). *Concepts of science education: A philosophical analysis keystones of education series.* London: Scott, Foresman and Company.

지은이 **김운화**

김운화 선생님은 세 아이의 엄마입니다. 〈과학경남〉 발간 활동과 〈진주신문〉의 독서칼럼 연재 활동, 진주작가회의의 〈문학과 형평〉 발간 활동에 참여하였으며, 2011년 『먼지들의 정거장』(다층)이라는 시집을 출간한 시인이기도 합니다.

선생님은 2011년에 『한국생물교육학회지』와 성신여자대학교 교육문제연구소 『교육연구』에 각각 연구 논문을 발표하고 경상대학교 대학원 과학교육과 박사과정을 수료하였습니다. 2005년부터 현재까지 사천교육청 영재교육원 강사를 거쳐 진주교육청 영재교육원 강사, 경상대학교 영재교육원 강사 등으로 활동하고 있고, 2010년까지는 진주여자중학교에서 영재학급을 담당하였습니다. 2011년 학습연구년을 거쳐 2012년부터는 25년차로 진주제일중학교에서 과학을 가르치고 있습니다. 2010년 한해에만 전국학생과학탐구올림픽 동아리학생지도실적 연구대회, 전국학생탐구올림픽 과학실험 지도실적 연구대회, 경남학생창의력대회 학생지도실적 연구대회에서 모두 수상하였으며, 2010년 과학의날 기념 우수교사 표창을 받았습니다. 2009년 이전에도 전국 청소년과학탐구반(YSC) 과학탐구발표대회, 국제학생창의력올림피아드대회, 경남학생창의력올림피아드대회 등에서 여러 차례 지도교사상을 받았으며 전국 과학교육연구대회에서 우수상을 받기도 하였습니다.

STEAM 과학 미션 스쿨

창의적인 생각으로 문제를 해결하라!

2012년 2월 24일 1판 1쇄 발행
2013년 2월 4일 1판 2쇄 발행

지은이 | 김운화
펴낸이 | 김진환
펴낸곳 | (주) **학지사**
121-837 서울시 마포구 서교동 352-29 마인드월드빌딩 5층
대표전화 (02)330-5114 팩스 (02)324-2345
등록번호 | 제313-2006-000265호
홈페이지 | www.hakjisa.co.kr
커뮤니티 | http://cafe.naver.com/hakjisa

ISBN 978-89-6330-853-1 74400
978-89-6330-850-0 04370(set)

가격 13,000원